若狭和朋
Kazutomo Wakasa

日本人よ、歴史戦争に勝利せよ

GHQ洗脳史観への決別宣言

SEIKO SHOBO

目次

【本書刊行に寄せて】

【第I部】日本人が知ってはならない国難の正体

装幀／フロッグキングスタジオ
本文写真／ウィキメディアコモンズ
本文DTP／ホープカンパニー
デジタル出版企画、寄せ書き／飯山一郎
データ変換／佐藤裕通
デジタル版校正、DTP／福島秀樹
出版企画、編集、脚註・図版、DTP、寄せ書き／nueq

本書刊行に寄せて

【本書刊行に寄せて1】

歴史書でありながら覚醒の書——飯山一郎

若狭和朋著『日本人よ、歴史戦争に勝利せよ』の最終稿を読破した。

読後感は〝毒〟。その〝歴史の毒〟は脳内には充満したが、私の目には何か輝く光が見えてきて、眩しかった。

すぐに気づいたのだが、これは眼から鱗が落ちたからなのだ。私の目の曇りを除去してくれた覚醒の書！　とも言うべきだろう。

それほどまでに、若狭和朋著『日本人よ、歴史戦争に勝利せよ』は、衝撃的な歴史の裏の闇に白昼光を当て、その裏幕に隠れていた黒幕たちを白日の下にさらけ出した！　衝撃の歴史証言であるのだ。

さて……、

人間社会の事象は、立場の違いや視点の当て方で、全く違った様相を見せる。左翼から見る天皇像は、右翼に言わせれば、〝偽装〟であり〝不敬罪〟だ。

歴史も同じである。「歴史」とは「政治権力の興亡史」なので、支配者層は支配統治の正当性と正統性を殊更に強調して、被征服者・被支配者の正義を全否定する。

本書は、被征服者・被支配者の視点から「支配者が書いた歴史」を再点検することを徹底的に教えてくれる。

「歴史」とは、読み手の立場や視点の違いでも、千変万化であることを、私は衷心から思い知った。

例を挙げよう。

いま日本は大変な危機に立っているが、その危機の正体は、「米国」と「極左」である。「米国」は、大東亜戦争開戦の1年前から、「日本」を解体して植民地化することを画策していた！　と若狭和朋氏は断言するのだ。なるほど納得である。

「極左」とは、菅直人、仙石、枝野らの隠れ極左政権が、これまた「日本解体」を狙っていたとおりに実現した！　というのだ。然り！　である。

このように、〝若狭史観〟は、実名を遠慮会釈なく挙げて『「国難の正体」』を明らかにし

てゆく。その鮮やかな手法の一部始終は、本書を読み進めるうちに明らかになるのだが、一言で言えば、「歴史の裏読み」である。

その手法は、現在進行中の政治や歴史的な事象を解析する際にも立派に応用・活用ができる。

たとえば……、いま、中東の国々を破壊しまくっている「イスラム国」は、ハザール(8世紀にユダヤ教を簒奪《さんだつ》奪取した国家)が母体だという。

イスラエルも母体はハザール。「イスラム国」もハザール。「双頭の狼」なのだ。演歌風に言えば「兄弟船」。〝若狭史観〟は、まことに分かりやすい！

さらに、もうひとつ。

1917年のロシア革命は、イギリス・アメリカの支援ハザール・ユダヤによる「ユダヤ・クーデター」だと、若狭和朋氏は言うのだ（現に当時はそのように呼ばれていた、と）。

そのようにして、国際金融勢力はロシアの大地を強制執行した。レーニンは「ユダヤ」から送り込まれた執行吏に他ならない。強制執行の思想が、共産主義・インターナショナリズム＝グローバリズムである。中国もロシアと同じく、その思想が強制執行された国家に他ならない……と、若狭和朋氏は断言している。

こうなると、近代から現代までの「ユダヤ人問題」の本質が、実に良く見えるようになる。

ロシアにおける「ユダヤ人問題」も、ロシア人とハザール人との血で血を洗う闘争なのだ！　ということも。

イスラエルという国家も、ロシアから追い出されたハザール人（アシュケナージ）が建国した国家であり……、ロシアという国家は、イスラエルにとって、じつは、宿敵中の宿敵なのである。

そして現代、２０１５年9月。ロシアは「イスラム国」に蚕食されるシリアに５００台の戦車を派遣。さらに30日には、ロシア議会の承認を得て、「イスラム国」（ハザール！）に対し、空爆を始めた。これはロシアの最新鋭のジェット戦闘機を使った激しい空爆であるが、慎重にハザール人部隊だけを狙っている。

まさに、いま（２０１５年）、シリアを決戦場にして、ロシアとハザール人の最終決戦（ハルマゲドン）が開始されたのである。

ロシアが空爆を開始した日、アメリカのジョン・Ｆ・ケリー国務長官は、ＣＮＮのインタビューに答えて、「アサド大統領の早期退陣を求めていない」と表明。これは、プーチンの「イスラム国」空爆を支持したことを意味する。

アメリカの政治と経済を牛耳る「ハザール・ユダヤ」は、アメリカにとっても「憎っくき宿敵」。したがって、「イスラム国＝ハザール・ユダヤ」との戦争を本気で開始したロシアに対しては、アメリカは「隠れ応援団」なのである。

どうであろうか？　この若狭本を読み、若狭史観を知ると、世界がここまで見えてくるのである。

本稿は紙数に限りがあるので、この辺で擱筆《かくひつ》しなければならないが、小生、若狭史観については、本稿の百倍ぐらいの文章を書きたい！　と、薄いフグ毒のような〝良質の毒〟を飲んだ感覚になり、日々うなされている。

飯山一郎《いいやまいちろう》（http://grnba.com/iiyama/）

【本書刊行に寄せて2】

本書の今日的意義――nueq

2004~2009年に出版された「日本人が知ってはならない歴史」3部作（1：日清戦争前~日露戦争、2：日清戦争前~東京裁判、3：東京裁判）の若狭和朋さんの新著『日本人よ、歴史戦争に勝利せよ』のご紹介です。

同3部作では、学校の教科書などで知ってるはずの明治時代の日清戦争から第二次世界大戦に至る日本の歴史が、発生年や事件の概要はその通りであるにしても、実際の「事情・いきさつ」は教科書などから受ける印象とは全く真逆のものであった、という事実が端的に述べられた衝撃的な内容でした。

今回の新著は、40年間中国に潜入していた若狭先生の親友にしてドイツ人スパイ、フリ

本書刊行に寄せて2
本書の今日的意義―― nueq

ッツが帰国に際して旧友を訪ね、第二次世界大戦前後の日本とドイツ、そして中国の実情を語り合った対談を主軸にした内容となっています。

この新著で何より衝撃的なポイントは以下の5点。

（1）グローバリズムとは、第二次世界大戦前の共産主義インターナショナリズムの衣を替えたものに過ぎない。

（2）日本を満洲事変～日支戦争～大東亜戦争へ引きずり込んだ正体は、昭和天皇と歴代首相の側近として仕えたコミンテルン（インターナショナリズム）のスパイの一群であり、中国側では共産党を追い詰めつつあった蒋介石を拉致監禁し、国民党軍の敵を共産党から日本に転換させた「西安事件」にあったこと。

（3）マルクスの共産主義とはプロレタリアートの解放を企図したものではなく、労働者の奴隷化が目的だった。従って左翼運動の全ては「**連中**」の罠にハメられたに過ぎない。

（4）第三インターナショナルはやがてフランクフルト学派の誕生へと変遷し、このグループによる「社会工学・社会心理学」という学問ジャンルの下に、ジェンダーフリー（ウ

「連中」　「ブルーブラッド」「黒い貴族たち」「300人員会」「世界支配中枢」「闇の権力」などと称される国際的組織。

ーマンリブ）などを創り出して、世界中の人々（とりわけ日本）の文化と精神を破壊・洗脳した。
（５）日本国憲法は法学的に憲法ではない。占領管理法に過ぎない！

これらの問題は、単に過去に終わった問題、というわけではなく、今なお継続している、否、満洲事変85年を経て今まさに直面している根本的な問題の本質そのものであり、この書がこのタイミングで刊行されることにとても重い意義があると感じます。

例えば、上記の項目に対応させてみると、

（１）ＧＡＴＴ～ＷＴＯ～ＴＰＰへの進展は、ナショナルな地域差を葬り去るインターナショナル（グローバル）なステルス植民地化の過程。
（２）霞ヶ関・永田町・大学・企業などに巣食う竹中平蔵や小泉純一郎、石原慎太郎等に代表される売国奴スパイたち。舞台が満洲から尖閣・南沙へと移っただけの、東洋の大国同士を潰し合う謀略。
（３）アラブの春・集団的自衛権問題などに動員される「大衆」。ＳＮＳによって大衆洗脳はより簡単になりかつ拡大した。ＳＮＳは誰の持ち物であるか？

（4）社会工学の行き着いた先が、どこでも監視カメラ・カード・SNSによる行動・嗜好記録。ジェンダーによる家庭の知恵の崩壊と子どもの退化。その退化した子どもが今や大人だ。

（5）つまり、日本国憲法という名の占領管理法に立脚する日本国政府とは政府ではない。もちろんすべての法律は無効である。

このような大問題を孕《はら》む内容であるのが本書です。詳細は本文をじっくりと読んでみてください。

ふとしたご縁から若狭先生の新著をデジタル出版しようと申し出、原稿をお預かりしてから早1年半が過ぎてしまいました。多忙の中での編集作業で大幅な遅れを出してしまい、若狭先生には大変申し訳なく思っています。この場を借りてお詫び申し上げます。

この著書が日本のみならず、中国や韓国、そしてアメリカやヨーロッパでも翻訳されて読まれることを祈念しています。

nueq《ニューク》（http://nueq.exblog.jp）

日本人よ、歴史戦争に勝利せよ

【序として】

思想解体されてしまった日本人

◉歴史戦争の実相

いま日本は大変な危機に立たされている。

危機の正体は、日本人が、現在の日本の政治家やマス・ゴミニストが、あのGHQに潜伏していた共産主義・フランクフルト学派の変態した「日本解体計画の嫡出子」であることを知らないことにある。

昭和40年代を騒がせた「全共闘」は、思想的にはマルクス共産主義・フランクフルト学派の子供たちなのだ。

菅直人、仙石、枝野……なぜ彼らが政権の座に着けたか。それは日本人が1980年代

から90年代の、彼らの「変態」（様態を変えること）を知らないためである。

具体的にはここでは、自らのマルクス共産主義の思想性を隠したまま政府内部に侵入、時限爆弾的に潜伏することを意味する。元々は共産主義武力革命の限界によって、文化・思想面から民族国家を内部崩壊に導く手法として、１９３０年代以降に共産主義・コミンテルン・第三インターナショナルとして採用された手法で、日本では我が国を敗戦に導く絶大な効果を発揮した。第二次世界大戦後はマルクス主義フランクフルト学派に引き継がれ、今では世界中のメディア・文化を通じて人々の洗脳を行っている。

日本打倒を決意したルーズベルト米大統領は、開戦の1年前から敗戦後の日本に天皇制を残すことを決定していた。ＯＳＳ（戦略情報局。後のＣＩＡ）は、天皇と軍部の対立を引き起こすことを画策し、支離滅裂・不調和な作戦遂行による日本陸海軍の自滅に成功する。日本の無条件降伏を定めたポツダム宣言を受諾する過程は、遙か開戦前に策定されていたのである。そして、事態はほぼこの通りの過程を歩んで、日本はポツダム宣言を受諾するのである。

軍事的勝利ののち、アメリカは思想的に日本人を「解体」した。

4年間の鉄槌と衝撃（＝太平洋戦争）、そして本番の7年間に及ぶ思想追撃戦（＝ＧＨＱによる洗脳）によって、日本人は〝解体〟された……それは野生動物を家畜化、アメリカ

先住民やアフリカ・アジアを奴隷化・植民地化してきた伝統的手法でもある。
「東京裁判史観」と言われる「史観」と追撃戦の端的な勝《か》ち鬨《どき》の見本が、あの広島の碑文であろう。

安らかに眠って下さい
過ちは繰り返しませぬから

これは日本という国家への皮肉に満ちた弔辞であり、挽歌である。

２０１１年の３・11東日本大震災や、以後の異常な現実などは、私には日本の天地の神々の怒りの声に聞こえて仕方がないのである。ワシントン・ポスト紙にルーピー（低級なバカ）と嘲笑された首相がいた。彼は言った。「日本列島は日本人だけのものではない」。竹島、尖閣、そして北方領土も「日本人だけのものではない」のだろうか。「博愛」とはこうしたことを言うのではない、と私は信じて生きてきた。

そして、フランクフルト・マルクス主義に根を持つフェミニズムやジェンダーフリー

原爆死没者慰霊碑

（ウーマンリブやフリーセックス）の欺瞞《ぎまん》の仕組みが日本人の異常な生物的滅亡を招来している（本編で詳しく解説する）。２０７０年には日本の人口は５０００万人減少している。中国人がそのあとを埋めるのだ。そうなれば日本は消滅している。減少を止めるには、２・07の出生率が必要だ。２０１３年より日本は人口減少に転じた。加速度つきである。

◉ＮＨＫ騒動の真相

ＮＨＫの新会長・籾井勝人《もみいかつと》氏の就任会見での「慰安婦はどこの国にもあった」という「失言」が、あたかも「大問題」かのようにマスゴミは大騒ぎした。籾井氏はべつに面妖なことを語ったのではない。しごく当たり前のことを、個人的意見と断りつつ、語ったにすぎない。

平成26年2月3日の衆院予算委員会で、維新の会の杉田水脈《みお》議員が質問に立った。「従軍慰安婦」について、アメリカ各地での慰安婦の像・碑の設置や、フランスの国際漫画祭での韓国のプロパガンダは看過されたのに、日本側の出展は拒否されたことに言及した。そして河野談話に触れ、予算委員会に河野洋平氏を参考人招致することを求めた。2月1日の『産経新聞』は「河野談話」なるものが、韓国の要望に添う妥協の文書にほかならないことをスクープしていた。

杉田議員は、「問題なのは日本の国内の反日勢力で、発言力の大きなマスコミのなかにも、政治家のなかにも存在する」と述べた。

１月25日の籾井会長の就任記者会見において、奇しくも、この問題が露呈したのである。ＮＨＫの「歴史認識」なんぞは誰も触れることもできない、深い闇に閉ざされた秘境であった。

９１１事件の年（２００１＝平成13年）、ＮＨＫの解説部長Ｈ氏は、ＮＨＫ放送センターの６階から「投身自殺」した。10月10日が彼の命日である。Ｈ氏は私が代表を務める発言集団「シューレ」の一員であり、「あのテロは不可解だ」「局として真相を究める」と真剣に語っていた。剛毅な彼は自殺するような男ではない。身辺も清潔で静かな傑物であった。中川昭一氏も会員だった。彼らの「自殺」説など信じているメンバーは存在しない。

二人の死には皆が真剣に号泣した。（合掌）

そこに、籾井会長問題が転がり出た。私はひとり、苦笑した。

ＮＨＫの戦後初代の会長は、東大教授の高野岩三郎《たかのいわさぶろう》氏である。彼が統率したのが５１００名におよぶ日本人（英語を駆使できる）の検閲集団であり、日本の言語空間は完全にＧＨＱの膝下《しっか》に組み敷かれた。そして、いわゆる「ウォー・ギルト・インフォメーション・プログラム」という名の追撃戦が展開された。４年間の戦火は、そののち７年間の追撃戦を

伴っていたのである。東京裁判史観とか戦後レジュームと語られる史観がこれである。

核心は、憲法九条である。

つまり「弱い」日本である。いざとなれば、日本の富も技術も、そして日本人の生命までも、自由に処分できる体制が、「戦後レジューム」である。

「戦後レジューム」の目付役、それがNHK、朝日新聞などである。

記者たちの質問は、憲法改正、特定秘密保護法、靖国神社参拝・合祀、尖閣・竹島、これら政治的問題に集中したあと、そしてひときわ執拗だったのが「従軍慰安婦」であった。

そして、遂に籾井会長は罠にハマるのである。

「会長職はさておき……」「個人的意見……」と何度も断って回答して、「取り消します」と述べたとき、「取り消しなんてできませんよ」と冷然と言い放ったのは、確か、読売新聞の記者であった。

私はANNニュースのネット動画で、会見の開始から終了までを見た。

以後、NHK新経営委員の長谷川三千子《みちこ》氏、百田尚樹《ひゃくたなおき》氏の発言も問題視されるようになった。先に「私は苦笑した」と書いたのは、高野岩三郎氏以来のNHKの東京裁判史観「みかじめ」の綻《ほころ》びを、この自虐史観の使徒たちは直観して本性を剥き出しにしたな、と苦笑した次第である。

実は、籾井会長と私は高校のクラスメートであり、大学も同じ九州大に進み、寮の2年間は同じ部屋で枕を並べて寝たポンユー（朋友）である。彼は誠実な人物であり、高校時代は「勝人」を「カット」と呼ばれて愛されてもいた。卓球が得意で、カットが得手でもあった。

凶悪な塵芥（ゴミ）マスを相手に、器用に立ち居振る舞えるような男ではない。ただ、故郷の気質は継いでいる。福岡の川筋《かわすじ》気質である。「川筋」というのは、炭坑地帯を貫く遠《おん》賀川《ががわ》地帯の、独特の気質のことである。端的に言えば、高倉健の世界、「無法松」の世界が美質とされる気質である。「空《から》ごつ（ウソ）は言わない」「卑怯者《ひきょうもの》は男でない」などである。『週刊新潮』（2014年2月24日号）は、「局内で迷子になったＮＨＫ籾井会長の『まだらボケ』」と報じている。

このような凶悪凶暴な記事は、反日日本人の本性を自己暴露したものである。

私たちの高校3年生の年は「60年安保」と三池炭坑の争議で、そして高校は筑豊の炭坑町だったから、物情騒然としていた。秋には、私の母の勤める病院の経営母体の炭坑は倒産した。私は福岡市の生まれだから、大学で再び福岡市に戻るというのが気に入らなかった。入学してみると、「反帝国主義・反スターリン主義（反帝・反スタ）」を叫ぶセクト

（「マルクス主義学生同盟」と称していた。後の革マル・中革の母体）が自治会を占拠していた。野球部の私はボール代の支払いを請求に行ったことから、口論となり乱闘となった。卒業すると、全共闘が東大その他を占拠する「左翼」健在・顕在の時代となっていた。その後、内ゲバ・浅間山荘事件・総括（仲間殺し）事件などを経て、退潮し、左翼は潜伏するように変態していくのである。１９８０年代が潜伏進行の時代であった。

中国の文化大革命が１９７９年に収束し、文化大革命による悲惨な情報が「顕在」左翼に強い打撃を与えた。同時に、共産主義の行き詰まりとマルクス主義・レーニン主義の「権威」が失墜し、それに代わるものとして、中国共産党は「反日」を打ち出した。

その象徴的な「事件」が、教科書問題誤報事件である。１９８２年の高校の歴史教科書に、中国への「侵略」とあったものを、「進出」と書き換えたと日本のほとんどの新聞が報じたのである。これはまったくの誤報だったのだが、中国は厳重に抗議してきた。『人民日報』（7月20日付）は、文部省（当時）の改定指示が次のようだと非難した。

・「南京大虐殺」は中国側の抵抗に原因がある。
・華北侵略を進出とする。
・満洲事変を単なる鉄道爆破事件として矮小化した。

歴史的事実の改竄《かいざん》は決して許されず、中国国民は怒っていると書いた。中国に続き、韓国、北朝鮮、台湾も同じように日本を非難した。

しかし、事実はそのような改定は一切行われていなかったのである。日本は小川平二文部大臣の中国訪問を打診したが、中国は入国を拒否した。中国に2人の外務省局長が釈明したのが8月8日である。韓国には、自民党教科書問題対策委員会の三塚博・森喜朗両氏の訪問が8月22日に予定されていた。

外務省の2人の使節の報告にもとづき、宮沢喜一官房長官は談話を発表し、中国・韓国への回答とした。回答は次の如しである。これを「近隣諸国条項」と言っている。

- 過去の反省については再認識する。
- 政府の責任で記述を改定する。
- 検定基準を改定する。
- （教科書等の）記述などについては、近隣諸国の国民感情に十分配慮する。

『産経新聞』は報道の3日後には一面全面を使って、「誤報」であったことを謝罪した。

そして、この年の8月15日の靖国神社参拝について、鈴木善幸首相は「公人でも私人でもない者として参拝する」と声明した（7月15日）。

これらがあって、靖国神社参拝が問題化し、1989（平成元）年に「朝鮮人強制連行・従軍慰安婦問題」が噴出。この年、ベルリンの壁が崩壊（ソ連崩壊は91年）、中国では天安門事件が発生、1995（平成7）年には「南京大虐殺記念館」が設立されたのである。

端的に言って、日本のマルクス主義・レーニン主義者たちが一斉に化粧を変えたのが、80年代である。変わった化粧は「反日本」である。これは、なんら不思議な現象ではない。その象徴が、日の丸が二つに分割されてブヨブヨでヨレヨレにされた民主党の党章である。剥き出しの共産主義では社会への浸透力に弱いのだ。これに着目し、理論変換（パラダイム変換）をとげたのが、フランクフルト・マルクス主義の「批判理論」である。

◉潜伏左翼の履歴

日本人の左翼は潜伏するか、「変態」を偽装した。そしてメディアを通じて日本の言論空間を支配して、今日に至っている。戦前の潜伏左翼は日本を大戦に誘《いざな》い、240万人の戦死者と焦土・原爆投下の運命を押しつけた。モスクワで開催されたコミンテルン（共産主義インターナショナル）大会に出席していた野坂参三と山本懸蔵は、「日本の共産主義者

への手紙」（1936＝昭和11年2月）で指令し、共産主義者の各界への潜伏を指示した。こうして日本の社会から共産主義者の姿は消え、「転向」者が続出したのである。

日本と支那の戦争（支那事変）は、日本が企図・開戦したものではない。支那でも日本と同様のことが進行していたのである。

共産党軍を追い詰めつつあった国民党軍・蔣介石が、仲間の寝返りによって、共産党軍に拉致・監禁され、中国共産党軍と蔣介石軍の停戦、日本との開戦が密かに計画されていくのだが、日本はこのことを知らない。日本では近衛文麿の囲い込みから洗脳、中国では蔣介石の拉致・監禁・脅迫が同時進行した。

1936年12月12日、蔣介石は部下の張学良《ちょうがくりょう》の捕虜になる。これが日本の命運を決することになる「西安事件《せいあんじけん》」である。延安から周恩来とスターリンのお目付役ポロージンが飛来し、国民党軍と共産党軍の「統一・国共合作《こっきょうがっさく》」が成立、翌年8月2日には日本に対して宣戦布告する。

蔣介石は上海の日本人居留民皆殺しを宣言し、主力の30個師団をもって日本海軍の陸戦隊と交戦を開始。水兵の臨時部隊5000人の海軍陸戦隊に対して、支那軍30万余の戦力が襲いかかったのである。日本軍は忽《たちま》ち苦戦に陥った。急遽、陸軍の援軍部隊3個師団が送られたが、これも大苦戦に落ち、とくに名古屋の第3師団は壊滅的な打撃を受けた。

日本軍はさらに10万の援軍を送り込み、ようやく民間人を救出することができた。この支那軍を訓練・指導していたのは、実はドイツ軍だったのである。

第一次大戦の名参謀長と謳《うた》われたフォン・ゼークト元帥（後任はファルケンハウゼン中将）傘下のドイツ将校団に錬成された支那軍を相手に、日本軍は日露戦争以来の犠牲者を出すのである。ドイツと支那はハプロ条約により、バーター交易のかたわらで、軍事同盟を結んでいたのである。「南京大虐殺」の詐話・プロパガンダがドイツ人神父によって開始された。

一方では、ドイツはソ連との間にラッパロ条約（145頁の註釈㉕）を結び、第一次世界大戦で壊滅したドイツ国防軍再建の準備をソ連国内で進めていた。日本国内では潜伏した左翼たちが泥沼の戦争へと引きずり込むべく打倒支那を煽った。

上海戦の後、陸軍参謀本部は停戦を主張したが、海軍の米内光政たちは承服しなかった。米内光政や山本五十六たちの言動には、不可解な痕跡がある。

米内光政が主導して、日本は「南進」し、海南島・フランス領ベトナムを占領した。

1939（昭和14）年8月に独ソ不可侵条約が成立し、東欧分割が行われる。ソ連はフィンランド侵略により国際連盟を除名される。こうしたなかでソ連は、ドイツ擁護のプロパガンダを展開し、多くの共産主義者はソ連に幻滅してコミンテルンを離れていった。た

だし、これはヨーロッパでの話である。日本、支那ではコミンテルンの揺らぎは少なかった。残ったコミンテルンの要員は、筋金入りの共産主義者であることは言うまでもない。彼らは日本・支那で縦横無尽の活躍をした。その一つが、以下に如実に顕れている。

1941（昭和16）年5月、日本はソ連と日ソ中立条約を締結した。

しかし、翌6月にはドイツはソ連に侵攻を開始した。

陸軍はこの機にソ連侵攻を行おうとソ連挟撃を構想したが、陸海軍内部のみならず政府首脳の奥深くに潜入したコミンテルン要員の工作により、「北進」を放棄し、「南進」に転じるのである。

これが米内光政の「南進」である。

近衛文麿内閣の悲惨な内実は、近衛自らが「近衛上奏文」のなかで告白している通りである。「右翼とは国体の衣を着た左翼であります」という血を吐くような近衛の言葉は、近衛の「容共《ようきょう》」（共産主義またはその政策を容認すること）の〝前科〟への糾弾は別にして、日本の甘い防諜能力が悔やまれてならない。そして、これは現在の日本の姿でもあるのだ。

都留重人《つるしげと》という人物の仮面はまだ剥がされていない。一橋大学の学長を務め、勲一等を

授かり、栄光の人生を全《まっと》うしている。彼はアメリカ共産党の一員だったが、アメリカ共産党は1937（昭和12）年には解党（もちろん擬態）しているから、その痕跡は薄い。開戦に伴い交換船で日本に帰国するのだが、乗り換え地点であのハーバート・ノーマンにニューヨークの自分のアパートの鍵を手渡している。アパートとはコミンテルンのアジトである。見てきたような詐話《さわ》を私は書いているのではない。都留重人はアメリカ上院に喚問され、これらの事実を供述している（1951＝昭和26年に数回）。そして、彼は戦後の日本の論壇に重きをなすのである。

ハーバート・ノーマンの末路は悲惨である。彼は日本の歴史の専門家として尊敬されていたが、アメリで吹き荒れたレッドパージ（赤狩り）でコミンテルン要員との指定を受け、カナダの駐エジプト大使の身にしてカイロで「投身自殺」を遂げている。彼の著作には『日本における近代国家の成立』『忘れられた思想家・安藤昌益』などがある。師は羽仁五郎である。

ハーバート・ノーマン

さて都留重人であるが、彼の妻は木戸幸一

内府（内大臣）の姪である。木戸幸一の弟は和田小六《わだころく》だがその長女が都留の妻である（46～47頁の「木戸幸一系関連系図」参照）。空襲で羅災した木戸と都留は和田の家で同居していたのである。終戦直後、マッカーサーに同行してC54司令機バターン号で厚木飛行場に降り立ったのがハーバート・ノーマンである。彼は着陸後、都留重人と木戸幸一内府のもとへと直行する。

私が指摘したいのは、木戸幸一内府という日本の最深部の隣に、コミンテルンの日本専門家が立っているという光景である。

エピソード的にしか語られないが、昭和天皇は御文庫《おぶんこ》（書斎）の中で、ひとりアメリカの短波放送を聴かれていたのだ。先帝は皇太子時代にイギリス経験がおありになる。なんという哀しい風景だろう。私が「哀しい風景」と指摘しているのは、先帝が深夜にアメリカの短波放送をお聴きだと、なぜアメリカは知っていたのか？　である。

オリジナルのポツダム宣言にあった「立憲君主制は存続する」の一文を、トルーマンは日米終戦交渉の終盤、1945年初頭に至って削除させるのである。そして、広島・長崎への原爆投下のあとに、こっそりと短波放送の中で「立憲君主制は存続する」という一文を復活させた。

国体護持の不明なうちは徹底抗戦だと主張する阿南惟幾《あなみこれちか》陸相を、先帝は別室に呼ばれて

「私には国体護持の確信がある。阿南、有難う。決して辞任するなよ」と諭された秘話は、鈴木貫太郎内閣の瓦解を防ぎ、ポツダム宣言の受諾を可能にした。辞任しなかった阿南陸相は「一死《いっし》を以《も》って大罪《たいざい》を謝《しゃ》し奉《たてまつ》る」と遺書し割腹した。

「米内（光政）を斬れ」とも言い残しているのだが、これは別の箇所で触れたい。

いまここで指摘したいのは、先帝が短波放送を聴かれているという事実を、アメリカはなぜ知っていたのかという問題である。「ヴェノナ文書」（176頁の註釈㊶）によれば、ソ連大使館内のエージェントからアメリカはこの情報を得ている。東京のソ連大使館に出入り自由な存在のひとりが都留重人だ。コミンテルン（共産主義インターナショナル）には「エコノミスト」というコードネームのエージェントが存在した。言うまでもないがエコノミスト（経済学者）は都留重人だろうという詮索の声が絶えない。義理の父親に当たる和田小六は、東京工業大学の学長を経て叙勲の栄に裕し、一生を全《まっと》うしている。

転向・潜り左翼の犯罪歴には絶大なものがある。今日、NHK問題で騒いでいる様は、どこか既に見た感じがしてならない。デジャ・ヴ（既視感）なのだろうか。

◉歴史戦争の世界工作

雑誌『歴史通』（2009年3月号、ワック刊）に面白い対談記事がある。

論題は「中国人はなぜ平気でウソをつくのか」である。対談者の林思雲氏（１９６３年南京生まれ。工学博士。著書『中国人が明かす中国人の本性』など多数）は、次のように発言している。話題は儒教と「正直」である。

「中国では正直であることはあまり重要ではない……評価や家族のために不利なことは事実を曲げてでも隠さなければならない……そのために積極的に嘘をつくことは倫理的に正しい行為なのです」

子供にウソは泥棒の始まりと説き、躾《しつ》けの基本としてきた日本人には『論語』はどこの国の本なのか、と深刻にならざるを得ないのである。福沢諭吉が「脱亜論」（脱アジア論）を説き、「アジア東方の悪友を謝絶するものなり」と中国・朝鮮を批判した原点はここらに係わっている。中国人・朝鮮人の信じられぬような身勝手な言動は、「嘘は方略、騙《だま》される者は身の不徳を反省せよ」との「倫理」に発している。

だから、こうなる。

日本は中国を侵略した。

事実は、蒋介石を捕虜にした（前出の西安事件。１９３６年12月）中国共産党が、ドイツ将校団に鍊成された蒋介石の中央軍30個師団で日本軍との開戦を実行したのだ。

日本軍の相次ぐ増派は、毛沢東やスターリンには最高の愉快劇だったのだ。そして、用

済みとなった蒋介石は中国を追われた。

「南京大虐殺」を日本軍は犯したという。

だが事実は、日本軍が南京城内を占領すると、逃げていた中国人たちは、「虐殺の行われていた」市内に戻ったのである。ひと月で5万人も人口が増加したのが「南京大虐殺」の事実である。しかし、これを認めることは国家の不利益になるから、中国においては反倫理的行為である。ウソが国家的正義なのである。

戦争は平和なり

自由は隷従なり

無知は力なり

これはジョージ・オーウェルが1948年に書いた小説『1984』に登場する標語である。この有名なSF小説は1984年頃までに完遂させる思想戦のマスタープランとして書かれ、若干の遅れを出しながらも世界はまさにその通りになってしまった。

主人公の名前はウィンストン。党の官僚だ。仕事は、歴史の改竄である。党に都合の悪い事実は抹消するか改竄して、新しい歴史を創造するのが、彼らの仕事である。そして、

「ニュースピーク」と呼ばれる新たな言語が創られる。先に掲げた三つのフレーズはその見本である。ニュースピークの目的は、思考の範囲を狭め、ひいては定められた思考回路しか人々には出来なくさせることである。世界はまさにその通りになってしまった。

今の中華人民共和国の文字「簡体字」（略字体）は、ニュースピークの試行ではないかと、私は考えている。「旧」漢字は大半の中華人民共和国の人民には読解不能なのだ。

フランス革命は、「デモス」（「暴民」という意味）が「クラシー：体制」を支配した。「デモクラシー：民主主義」というのはニュースピークなのだ。「暴民の支配」が本来の出自である。

中国では「日本」という麗《うるわ》しい漢字はこのまま使われることはない。鬼子（クイズ）という文字が上か下に大抵付いている。単独に「鬼子」と書けば、日本人のことである。

韓国人は「ジョッパリ」とハングルで書き、日本人のことをそう発音する。豚や猪のように二つに割れた爪の足、という意味である。日本人は、下駄や草履《ぞうり》を履くからである。

全文ハングルの新聞に初めて出会ったときに、私はニュースピークだと思ったものだ。1960年頃までの韓国紙は漢字とハングル混じりだったので、助詞部分がハングルかと、大意は理解したものだ。

私の大学教師の経験から確言できることは、中国人・韓国人の留学生が日本の新聞が読

めるようになるには、大変に苦労している。両国人とも、ひらがな、カタカナを知って衝撃を受ける。彼らは、日本語という単語や文意の真の意味が簡単に判る、全く新しい概念の言語に出くわしたのである。中国の56の方言はお互い通じることなく、戦前、中央語の北京語で読める人は限られていたのである。

儒教中興の祖・朱子の「少年易老學難成」を「少年は老い易く学は成り難し」と書くと、多くが沈黙する。特に儒教の国、韓国人学生のショックは大きいようだ。中華人民共和国という国名のうち、「人民」という語も「共和国」という語も日本語であり、社会主義、共産主義、共産党も日本語であること、つまり中華人民共和国憲法の80％が日本語だったという現実に彼らは衝撃を受ける。

日本語に接した彼らは、簡体字がニュースピークであったことに愕然《がくぜん》とする。たとえば「人民」という言葉の正体（原義）を知ると、ショックを隠せない。「能力が足りないから、真理を知る指導者（立法者・前衛党）の指導に服さなければならないピープレ」を「人民」と訳し、元祖ルソーを引いて解説すると、ほぼ完全にニュースピークに激突することになる。

では、日本人はニュースピークに洗脳されていることはないのか。二つだけ紹介し、認識を共有しておきたい。

一つはマイク・ホンダ氏（米下院議員。民主党。日系三世）についてである。ホンダ氏は2007年に米下院が可決した慰安婦決議の主導者であった。カリフォルニア州に本拠をおく中国の政治活動組織の「世界抗日戦争史実擁護連合会」（以下、擁護連）に支援されて、反日活動を繰り返してきた人物であることは、広く知られている。彼は、慰安婦強制連行事件、南京大虐殺、米国軍捕虜虐待問題まで擁護連と一体となり、アメリカでの反日活動を推進してきた。ところが、擁護連は2014年の下院議員選挙ではホンダ氏を推薦せず、対抗馬のロー・カンナ氏（インド系。弁護士）を支援し始めたのである。カンナ氏は尖閣問題でも、完全な中国支持を表明している。

私の母は、南支派遣軍広東第一陸軍病院の従軍看護総婦長第1号として中国・東南アジアの最前線に常にいた。その母が1991年、朝日新聞が「従軍慰安婦」という言葉を報道した際、「そんなものはない！　これは嘘だ！」と激怒していたことを思い起こす。彼女たちの健康の世話をしていたから実情をすべて知っているのだ。

二つ目は、「ニューヨーク・タイムズ」が激しい安倍批判を展開しているニュースピークについてである。2015年3月2日の「安倍氏の危険な修正主義」とする社説で、安倍首相が「南京大虐殺」を完全否定したとか、慰安婦問題で河野談話を撤回するとかの誤報を流し、日本政府が抗議した（ニューヨーク・タイムズは慰安婦問題についてはその後撤回

した)。

これは同紙の社説執筆委員・玉本偉《たまもとまさる》氏の文章なのだ。同紙の論説委員は委員長以下18名だが、そのうち国際問題担当は玉本氏ら3人で、他の2人はヨーロッパとロシアが専門とされるから、氏の文章に違いない。氏は人も知る有名な左翼学者である。

その玉本氏が立命館大学助教授のとき、ある研究会で私は氏と論争したことがある。

玉本氏は、外務省所管の日本国際問題研究所で英語の論文・記事の担当を命じられ、靖国神社参拝を「靖国カルト」などと書いた人物である。私は、氏がニューヨーク・タイムズに移られたと聞いて、ニュースピークを心配していた一人である。

中華人民共和国のなりふり構わぬ反日は、共産党支配体制の迫りくる崩壊への恐怖なのである。70年代に始まり、80年代に爆発的に進行した左翼の潜航・変態は、戦前の日本を崩壊させた左翼の潜航・変態と不気味なほど似通っている。

「**近衛文麿上奏文**」をこそ、今、日本人は熟読すべきだ。本書の巻末に資料として付した

近衛文麿

ので、ぜひ目を通してほしい。

近衛文麿上奏文　１９４５（昭和20）年２月14日に、太平洋戦争開戦直前までの首相・近衛文麿が昭和天皇に対して出した上奏文。巻末の全文資料を参照。

【第Ⅰ部】

日本人が知ってはならない国難の正体

【第1章】

日本を滅ぼすのは日本人である

◉日米同盟と中米同盟が並び立つ現在

日本人はその優れた多くの資質に比べて、外交や諜報を理解する能力には大きな欠陥があると言わなければならない。尖閣問題が緊迫しているが、日本人は日米安保をどこか、こころの頼みにしている。しかし、日本と中国が交戦状態にならないのは、中国の空海軍の戦力が日本のそれより劣勢だからである。逆なら事態はまったく別の展開を見せるに違いなく、尖閣列島はたちまち制圧・占領されることだろう。

頼みのアメリカは、日本のために中国との交戦を選ばないと考えるのが常識というものだ。アメリカ国民は日本の離島防衛に、アメリカの青年の血を流すのを選ぶことはあり得

ない。台湾・沖縄を含めた大きな取り引きが、米中の間で交わされる可能性がある。

日本人は、第二次世界大戦において、アメリカと中国が同盟して日本を打倒したことを総括できないで今日に至っている。その複雑な関係性は今なお有効であり、中国は日米関係の決定的な破綻を望んではいない。なぜなら、日本の核武装を阻止しているのがアメリカだからだ。

◉諜報・謀略が致命的に分からない日本人

「山本五十六フリーメーソン説」というのがある。山本は真珠湾攻撃の意図を通牒していたというのだ。信じたい人はそうすればよい。

日本は日本全体が情報筒抜けの体制で戦争に誘われたのであり、尾崎秀実《おざきほつみ》やゾルゲは、あえていえばエピソード的な存在にすぎない。先に触れた都留重人《つるしげと》氏（1912〜2006）を例とするなら、彼は一橋大学の学長も務め、文化勲章を授与された名士である。岳父（配偶者の父親）の和田小六《わだころく》（1890〜1952）は、東京工業大学の学長を務め、同じく文化勲章を授与されている。その実の兄が木戸幸一《きどこういち》内府（内大臣。1889〜1977）である。「小六」は桂小五郎《かつらこごろう》（木戸孝允《きどたかよし》：明治維新の長州藩の参謀的存在：1833〜1877）に因むと聞けば、多くのひとは「それがどうした」という反応をする。

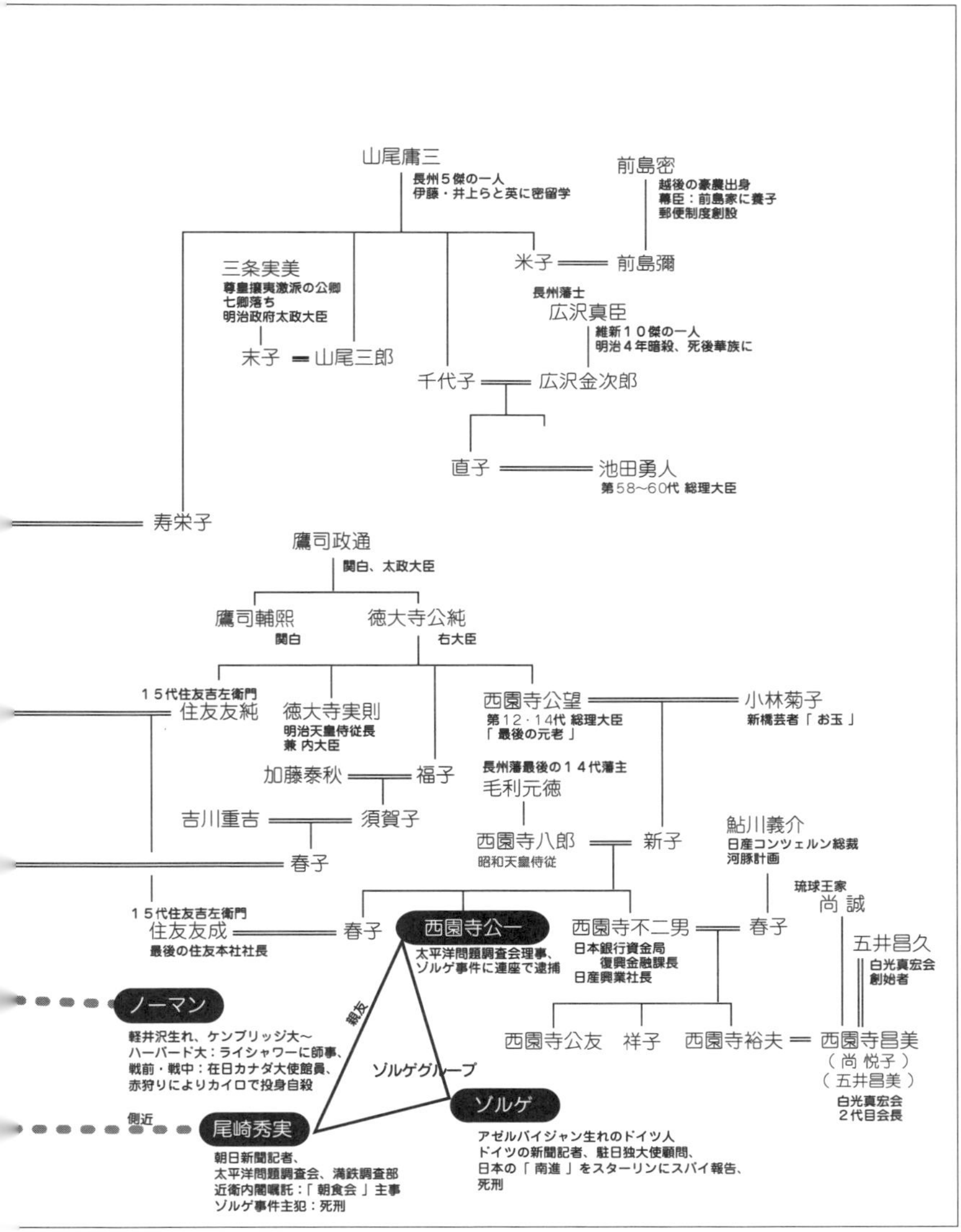
山尾庸三
長州5傑の一人
伊藤・井上らと英に密留学
前島密
越後の豪農出身
幕臣：前島家に養子
郵便制度創設
三条実美
尊皇攘夷激派の公卿
七卿落ち
明治政府太政大臣
米子
前島彌
長州藩士
広沢真臣
維新10傑の一人
明治4年暗殺、死後華族に
末子
山尾三郎
千代子
広沢金次郎
直子
池田勇人
第58〜60代 総理大臣
寿栄子
鷹司政通
関白、太政大臣
鷹司輔熙
関白
徳大寺公純
右大臣
15代住友吉左衛門
住友友純
徳大寺実則
明治天皇侍従長
兼 内大臣
西園寺公望
第12・14代 総理大臣
「最後の元老」
小林菊子
新橋芸者「お玉」
加藤泰秋
福子
長州藩最後の14代藩主
毛利元徳
吉川重吉
須賀子
鮎川義介
日産コンツェルン総裁
河豚計画
西園寺八郎
昭和天皇侍従
新子
春子
琉球王家
尚 誠
15代住友吉左衛門
住友友成
最後の住友本社社長
春子
西園寺公一
太平洋問題調査会理事、
ゾルゲ事件に連座で逮捕
西園寺不二男
日本銀行資金局
復興金融課長
日産興業社長
春子
五井昌久
白光真宏会
創始者
ノーマン
軽井沢生れ、ケンブリッジ大〜
ハーバード大：ライシャワーに師事、
戦前・戦中：在日カナダ大使館員、
赤狩りによりカイロで投身自殺
親友
ゾルゲグループ
西園寺公友
祥子
西園寺裕夫
西園寺昌美
（尚 悦子）
（五井昌美）
白光真宏会
2代目会長
側近
尾崎秀実
ゾルゲ
朝日新聞記者、
太平洋問題調査会、満鉄調査部
近衛内閣嘱託：「朝食会」主事
ゾルゲ事件主犯：死刑
アゼルバイジャン生れのドイツ人
ドイツの新聞記者、駐日独大使顧問、
日本の「南進」をスターリンにスパイ報告、
死刑

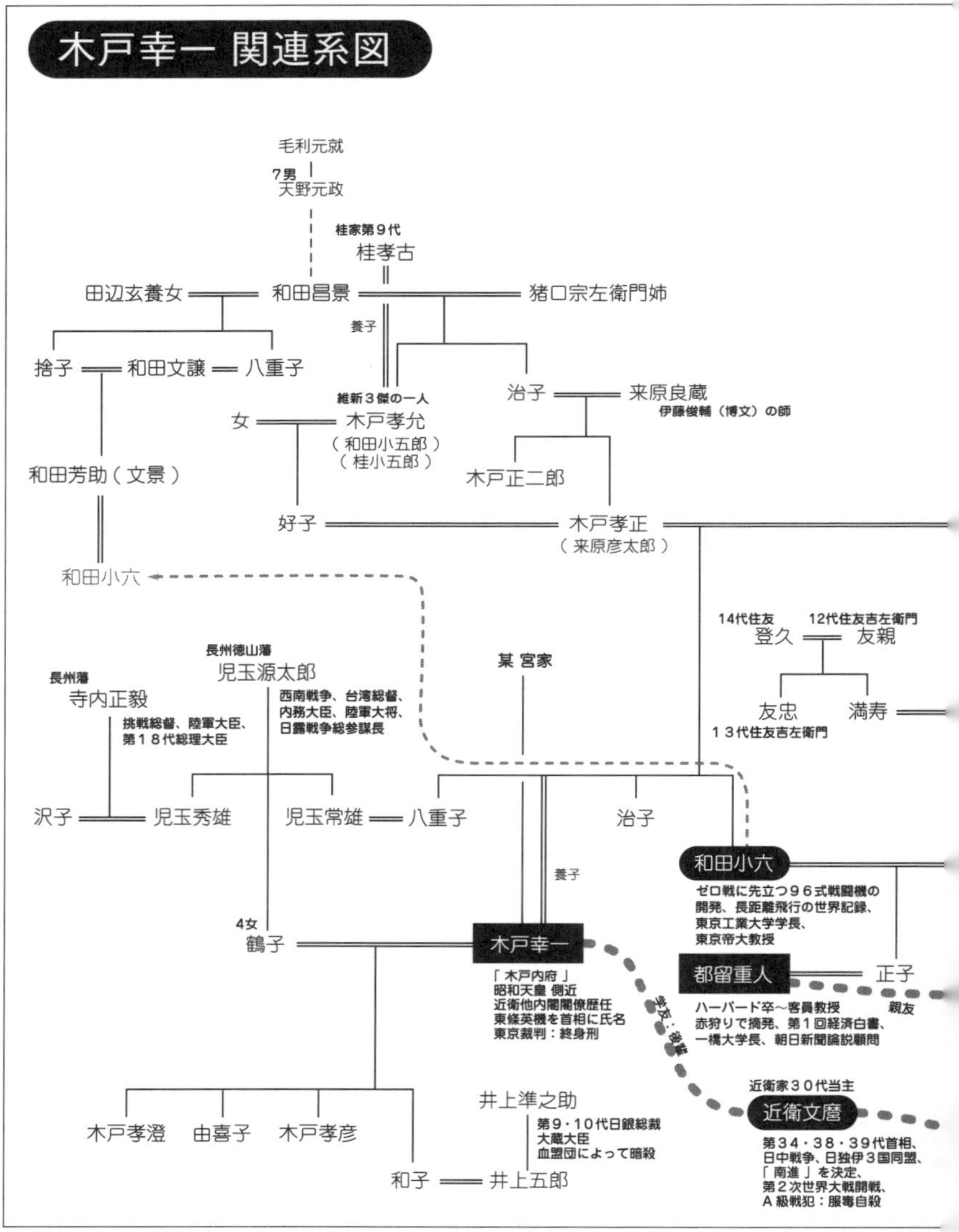

木戸幸一 関連系図
毛利元就
7男
天野元政
桂家第9代
桂孝古
田辺玄養女
和田昌景
猪口宗左衛門姉
養子
捨子
和田文譲
八重子
維新3傑の一人
木戸孝允
（和田小五郎）
（桂小五郎）
女
治子
来原良蔵
伊藤俊輔（博文）の師
和田芳助（文景）
木戸正二郎
好子
木戸孝正
（来原彦太郎）
和田小六
14代住友
登久
12代住友吉左衛門
友親
友忠
13代住友吉左衛門
満寿
長州徳山藩
児玉源太郎
西南戦争、台湾総督、内務大臣、陸軍大将、日露戦争総参謀長
長州藩
寺内正毅
挑戦総督、陸軍大臣、第18代総理大臣
某 宮家
沢子
児玉秀雄
児玉常雄
八重子
治子
和田小六
ゼロ戦に先立つ96式戦闘機の開発、長距離飛行の世界記録、東京工業大学学長、東京帝大教授
養子
4女
鶴子
木戸幸一
「木戸内府」
昭和天皇 側近
近衛他内閣閣僚歴任
東條英機を首相に氏名
東京裁判：終身刑
学友：親友
都留重人
正子
親友
ハーバード卒〜客員教授
赤狩りで摘発、第1回経済白書、一橋大学長、朝日新聞論説顧問
近衛家30代当主
近衛文麿
第34・38・39代首相、日中戦争、日独伊3国同盟、「南進」を決定、第2次世界大戦開戦、A級戦犯：服毒自殺
井上準之助
第9・10代日銀総裁
大蔵大臣
血盟団によって暗殺
木戸孝澄
由喜子
木戸孝彦
和子
井上五郎

都留重人はアメリカ共産党員のハーバード大講師であったが、学友のハーバート・ノーマン（1909〜1957）と親交が深かった。ノーマンはカナダ外交官として1940年に日本に赴任、羽仁五郎や丸山真男らと親交。戦後はカナダ人ながらGHQ要員として昭和天皇とマッカーサーの通訳を務めた。日米開戦により交換船で帰国するとき、互いの乗り換え時に都留重人はニューヨークのアパート（コミンテルンのアジト）の鍵をノーマンに手渡している。戦後にアメリカでマッカーシズムの嵐が吹き荒れたときに、都留重人は米上院に喚問され、ノーマンはカイロで「投身自殺」したことになっている。戦災で家を失った都留重人と木戸幸一内府は、和田小六の家で同居していたが、そこへマッカーサーと一緒に厚木に着いたノーマンが訪ねてくるのである。

よく考えてみよう。あの東京裁判のA級戦犯などの被告人選別は、マッカーサーたちのやれることではない。

話は転じる。

豊臣秀吉を、信長の草履《ぞうり》取りだったとする説が、日本人の情報音痴の源なのかもしれない。秀吉は、木曽三川の水運を支配した「川並衆《かわなみしゅう》」（蜂須賀《はちすか》党）の勢力を背景にした信長の情報機関の長である。草履取りというのは、屋外で密談できる身分のことなのだ。「中国大

返し」と言われた明智討ちは、ひとえに情報戦の勝利である。江戸時代になり、「サル」と卑しめられた後遺症が情報音痴の遠因のひとつかもしれない。

九州に入った秀吉は、長崎の地がローマ法王に寄進されていることを知り、激怒する。キリシタンの布教活動の謀略性を知った秀吉の偉さを、日本人は知らねばならないのだ。フィリピンを支配しているスペインのフィリペ2世に、秀吉は「貴様の本性は承知した。かかってこい！」と恫喝している。明や朝鮮への「侵略」を、秀吉の「老人性パラノイア」のように言う史家が多いのは困ったことである。

アジアにあって、なぜ日本だけが独立を保ちえたのかを、秀吉理解の再検討のなかで再認識しなければならない。今日でもキリスト教徒は日本人の1％を超えない。実に稀有な国家・国民なのだ。

さらに言えば、日本人の謀略音痴はこれらのことと通底している。

高等文官令（明治19＝1886年）によって、試験に合格した秀才たちが日本の外交を担うようになった。小村寿太郎《こむらじゅたろう》はその第一期生である。小村寿太郎外相がなした桂・ハリマン協定の破棄は、日本人の「帝国の知」無知の哀しい失策例である。

年間の歳入が2億円余の日本が18億円の戦費を得て、日露戦争に辛うじて「勝利」することができたのはなぜか。桂・ハリマン協定のなかを流れる世界のユダヤ社会の意図を、

明治の試験秀才たちはまるで理解できなかった。小村寿太郎はしつこくロシアから賠償金を得ようとした。

ロシアも日本も、ともにユダヤ世界から融資を得て戦ったのだ。ロシアが日本に賠償金を払えば、日本はそれで借金を返すだけだ。貸し手にとっては日本もロシアも債務漬けにするのが理想なのだ。だから、アメリカ大統領セオドア・ルーズベルトは、賠償金交渉の仲介はしなかった。アメリカの秘めた狙いは、満洲経営への参画にあったからだ。日露戦勝で民族の生存を得た日本は、世界のユダヤ社会との連携を理解すべきだったのだ（この件は後で詳述する）。

下瀬火薬で炎熱地獄と化したロシア艦の艦上

理解できなかった別の例を取り上げる。日本海海戦の勝利の総括である。海戦の日本勝利は、砲撃開始ののち僅か15分で決していた。日本の砲弾の火薬はピクリン酸。鋼鉄を貫く火薬ではない。破裂すれば一帯を摂氏2000度の炎熱地獄と化すものだ。俗に「下瀬《しもせ》火薬」と呼んだが、命中しなくとも高温の水蒸気と煮えたぎった海水がロシア艦を包んだ。ロシアの艦隊は瞬く間に戦闘能力を失い、甲板は焼死体に埋もれた。大

砲の砲身すら熱で曲がり、艦船はただ浮いている鉄塊にすぎなくなっていた。それを日本海軍の水雷艇が始末し、世界第2位と目されたロシア海軍は壊滅した。

繰り返しになるが、日本海海戦は建艦思想の革命を巻き起こした。「ドレッドノート式建艦思想」の誕生である。舷側に火砲を並べる建艦方法は姿を消した。主砲を厚い装甲で包み、艦体の中心線上に配置するこの方式はド式（弩式）と称され、艦体も巨大化し超ド級と呼ばれた。

哀しいことには、日本海軍は自分がなしたことの意味について深く認識した痕跡がない。このようにして、汝自身を知ることが日本は苦手になっていくのである。

◉スペイン大帝国の衰退の真相と日本の危機

多くの国が肩を接するヨーロッパには、他国を評する悪口のようなものが多い。その一例をご紹介しよう。

いつも家畜を怒鳴っているように喋るのはドイツ人だ。
ドイツ人の悪口を言わせると冴えるのがフランス人だ。
イギリスの自慢をしているのはイギリス人だ。

スペインの悪口を言っているのがスペイン人だ。

ここでの主役はスペイン人である。

秀吉が脅威に感じたスペイン（イスパニア）大帝国は凋落していくが、それは「無敵艦隊」の敗退（1588年）が原因ではない。帝国が盛んなら一海戦の敗北の失地回復くらいはさほどに難事ではない。

イスパニア大帝国の失敗の第一歩は、苛酷なユダヤ人迫害に始まる。ユダヤ人たちはスペインを離れ、オランダやイギリスに逃れた。そして、彼らは猛烈なスペイン攻撃のプロパガンダ（宣伝）戦を展開した。

なるほどスペインは、インカ帝国やマヤ文明を滅ぼした。これらの過程での残虐行為を敵国は徹底的に暴露し、糾弾した。プロパガンダ戦に負けたスペイン人たちは、次第に自国イスパニアの歴史に自信を失い、自国のことを嫌悪する感情をエイトス（精神的基礎）のうちに秘めるようになっていった。この自国嫌悪感情のことを、「イスパノフォビア」と呼称している。

こうして「スペインの悪口を言っているのがスペイン人だ」という地口が人口に親しむようになった。

翻って、日本人は大丈夫だろうか？　日本嫌いの感情「ジパノフォビア」（仮称）はかなり広がっているようにみえるので、私は心配している。高校の教師だった私は修学旅行で広島を訪れ、あの碑文の前に立った。

「安らかに眠って下さい　過ちは繰返しませぬから」

この句を私は生徒には最も腐敗した日本語のひとつだと教えていた。冥福を真摯に祈ることと、碑文の評価は別だと教えたものだ。

原爆を落としたのは日本でないことは確実な事実だ。

東京裁判史観の端的な見本がこの碑文ではなかろうか。

◉日本人の諜報「能力」

能力にカッコ（「」）を付したのは実はわけがある。日本人に能力がないのではなく、能力を磨き発揮できないように躾《しつ》けられてきたからである。

鳩山由紀夫元首相は「友愛」という言葉が好きだった。私はとんでもない国家指導者だと心底から腹が立った。日米は盟友ということになっている。世界各国はみな潜在的には「敵国」であるのだから、アメリカは日本が諜報能力を高めることを阻止しているのである。

いまの日本の情報機関が、防衛省・警察庁・外務省・首相官邸その他と分裂しているの

は、敗戦占領以来のアメリカの国家意思に他ならない。

イギリスはアメリカの暗号を必死に解析(盗みも含む)している。同盟国の暗号を解析することは、最も重要な国家の任務である。裏切られないためにである。アメリカもイギリスの暗号を懸命に収集している。理由は同じである。

再度触れたい。中国は日米同盟の強化に支持はしないけれども、さりとて決定的な破綻も喜ばないに違いない。なぜなら、孤立した日本は核武装するかもしれないからである。日本は核武装なら1年以内に、空母部隊の建造なら数年以内に実現するに違いない。この程度の日本の実力についての情報は世界の常識である。

では中国は、どんな手段をとるだろうか。日本の原発廃止である。エネルギー源を制し、日本を衰退させることだ。原発を全機停止したことによって、この1年間に日本の国富が3兆円流出した。それだけではない。急増した石油輸送のシーレーンの防衛は、中国の国益を潤すばかりである。

「国民の生活が第一」を謳《うた》う政党が存在する。「国民目線の政治」という言葉が有権者には受けが好いらしい。デモクラシー(democracy)のデモス(demos)とは、フランス革命の当時は「暴民」を意味した。暴民の「支配する制度」には、日本人は充分な警戒心を持た

なければならない。

そして、「パンとサーカス」への不満が日本を滅ぼすのである。

そうならないためには、日本は情報機関の統合と真のエリートを配さなければならない。

エリートとは、日本のためには己一身を捧げる者のことである。

アメリカにはＮＳＡ（国家安全保障局）という諜報機関がある。機関員は24万人を擁するという。どこかのビルに24万人がひしめいているわけではない。ある者は大学教授を「生業」としている。日本人の留学生（学生とは限らない）を教える。少なくはない日本人が日常的な接触のなかで、日本の基幹的な情報を吸い取られて平然としている。気づいていないからである。留学生とは日本政府の「エリート官僚」や一流企業の「エリート社員」である場合が多い。

なかには完全に洗脳されて、アメリカのエージェントと化して日本の中枢に座を占めるようになっている者が少なくない。「留学帰り」には、日本人にしてアメリカ人である者が大勢いるのだ。

某首相の高名なブレーンがいた。郵政改革に辣腕《らつわん》をふるったものだ。彼はハーバード大学ほかに留学している。留学崩れの私などには、洗脳のほどが透けて見えて哀しかったものだ。日銀総裁をはじめ財務官僚たちの顔に、アメリカの顔が透けて見えるのは哀しい。

日本企業のなかにはアメリカ人弁護士を顧問にしているケースがある。事情は同じである。日本も弁護士が大量に生産されるようになった。そして、少なくない若者たちが使いものにならないという烙印を捺されて失意の淵に沈んでいる。

弁護士を年間に2000人生産するというのはアメリカの発想である。そしてこれを推進している日本の大学教授・官僚たちの頭脳の国籍はアメリカである。狙いはなにか。日本をアメリカ流のコンプライアンス（順法精神）社会に仕立てることである。

団塊の世代というが、彼らは急ブレーキをかけられた世代なのだ。キンゼー法にはじまり、優生保護法を経て産児制限の網をかけられた世代である。本当なら団塊の世代はもっと続いたはずなのだ。そして、堕胎大国日本が生まれた。

農地解放のあとには、減反《げんたん》が措置され、麦畑は姿を消した。そして一代限りの種籾《たねもみ》（F1種）が日本の田畑を支配している。食料自給率30％というのは誇大宣伝である。

私の隣家は農家だが、主人（82歳）は「種籾を買うのは情けない」と嘆いてやまない。だから、隣家の農地の大半は蓮華草やタンポポ畑と化している。農協はせっせと一代限りの種籾を売っているのだ。これは亡国の風景である。国や自治体の役人がこれを推進しているのだ。

繰り返すが、コンプライアンス順守の日本というのは、亡国の日本ということである。

そして、平成23年から日本は人口が減少に転じた。平成40年には、3000万人が減じて1億人を割ると言われている。減った分は中国人が埋めているだろう。そして、確実に言えることは、日本はもう日本ではなくなっているということだ。

◉日本人の課題――「日本を滅ぼすのは日本人である」という自覚

いわゆる保守の論客たちの大東亜戦争論のほとんどが「黒田善治」に触れない。私は奇観だと思う。なぜ触れないのか。それは見過ごされているからである。ペンネームは青山和夫、林秀夫、川内一、と多数だからかもしれない。蒋介石の抗日の師匠・参謀だったといえば膝を打たれる方もいるだろう。

黒田善治、というのも本名かどうか、私には確信がもてない。日本の敗戦ののち、彼は悠然と帰国し、東京・三鷹に居を構え悠々自適の生活を送っている。著書がある。『反戦政略』（青山和夫、三崎書房、1972年刊）を読むと日本の敗北の過程がよく理解できる。一部を引こう。昭和12（1937）年の上海事変の項である。

（八月）十七日に日本政府は一千万円の予備金支出を決定した。二十六日に日支事変軍事費が決まった。総額七千万円というと大きいが、内二千万円は使用済みだから、

これで京都以西の約六ヶ師団を出兵させることになる。この予算と動員で、日本政府は中国を威嚇できると思っているらしいが、六ヶ師団増援では、僅か三、四ヶ月の戦費にしかならない。こちらは二ヶ年抗戦準備だ。（『反戦政略』75頁）

蒋介石へのコーチである。黒田善治には『謀略熟練工』という著作もある。ただし、国会図書館にしか保存されていない。熟読に価すると私は確信する。

日本人の課題、それは歴史の真実を知り、「日本を滅ぼすのは日本人である」という自覚をもつことであろう。

【第2章】

桐一葉落ちて天下の秋を知る～ユダヤ人問題とグローバリズムを例にして

◉安重根とユダヤ人

ユダヤ人には祖国がない、と言われてきた。現在ではイスラエルという「祖国」があるとされる。イスラエルはシオニストと呼ばれた一派が建国した国家ではある。7世紀になると、ハザール帝国と呼ばれたユダヤ教を国教とする強力な国家が存在していた。13世紀にモンゴル大帝国に制圧され、ハザール帝国は消えたかに見えた。しかし、モンゴル帝国（キプチャク汗国）内の「国家内国家」から始まったこのユダヤ帝国は、その後もポーランドやロシア内で生き続けるのである。1917年の「ロシア革命」は、世界を主導するまでになったイギリス・アメリカの支援により成功した「ユダヤ・クーデター」に他ならな

い。現に当時はそのように呼ばれていた。国際金融勢力はロシアの大地を強制執行したのである。レーニンは「彼ら」から送り込まれた執行吏に他ならない。強制執行の思想が、共産主義・インターナショナリズム＝グローバリズムである。中国もロシアと同じく、その思想が強制執行された国家に他ならない。

日本には「ユダヤ陰謀史観」という姑息な言葉がある。

世界史を総体として透視したとき、小村寿太郎外交の視力不足に始まる。

伊藤博文の暗殺犯人は安重根《あんじゅうこん》ではないのだ。これは別の章で詳しく検証するが、安重根を現行犯として逮捕したのはロシアである。場所はハルピン駅構内である。（領事）裁判権はロシアの手中にあった。

ところが、ロシアは安重根の身柄を日本に引き渡すのである。理由は安重根は朝鮮国籍の人物だからというのである。日本人の朝鮮統治下にあるとはいえ韓国政府は厳存していた。韓国政府は異議の片言もとなえてはいない。外務大臣小村寿太郎は日本の領事裁判権を主張して、大連において安重根を裁き処刑した。

日露戦争の終結を決めたポーツマス講和条約ののち、日露協約が成立し、世界のバランス・オブ・パワーは大きく変化していた。安重根は韓国政府からも見捨てられたのである。

小村寿太郎外相も日本政府も、安重根が伊藤博文を射殺したとは思ってはいなかった。

愛国の義士として、ハルピン駅頭に銅像を2006年に韓国政府は建てたものの、外国人の銅像を認めない中国当局がこれを撤去。2013年に習近平の指示により、ハルピン駅内に安重根義士記念館が建てられた。

安重根の死は哀しい死である。彼は祖国すら失ったのである（以上、安重根に関する内容は、筆者がワック社『歴史通』2012年7月号に寄稿。編集長の許可を得てここに再録した）。

◉ロシア革命の国民的誤解

高校の教師だった私は、世界史・政治経済・倫理社会の授業で、ロシア革命とインターナショナリズム、グローバリズムの指導には困惑したものだ。教科書はこの三つを必ず肯定的に叙述しているが、これらは同じことの異なる手法に過ぎないのである。1917年のロシア革命を教科書は「大事件」として扱いながら、これが6世紀にまで遡及するユダヤ教を奉じるハザール王国（カザールと表記されることもある）と、ロシア人との血で血を洗う「ユダヤ人問題」であることを、完全に欠落させるのである。これでは日本人の歴史視力はきわめて脆弱なものにならざるをえない。

唐突だが、「家族」はナショナルなものである。ナショナルな価値がインターナショナ

リズムによって価値破壊されると、家族は実体として破壊されるしかない。インターナショナリズム＝グローバリズムは「よいもの」と解されていくなかで、日本人の新生児は昨年（2014年）は100・4万人と発表された。異常な少子化である。一人の女性が生涯に出産する子供の数（合計特殊出生率）が、2・07を超えていなければ人口は減少する。現在の日本は1・43であり、東京都では1・13という。この凄まじい少子化は堕胎の結果でもある。

ジェンダー思想❶は、ユダヤ思想（フランクフルト・アナーキズム）のひとつに他ならない。200万とされる堕胎が止まれば、少子化は止まるのだ。

先の大戦に至った日本の足跡を辿れば、日英同盟の廃棄が岐路であったことを、日本人は明確には認識していない。その前段には、桂・ハリマン協定の日本側からの一方的破棄

❶**ジェンダー思想**　この場合のユダヤ思想とは、戦後のフランクフルト学派の思想である。ドイツ・ワイマール共和国（1919～33）の時代に、フランクフルト大学に拠ったマルキストたちは、流産した西ヨーロッパ共産革命の失敗を思想構造の敗北と総括した。ナチスの政権掌握にともない、彼らの多数はアメリカに逃れた。ルーズベルト政権の要所を乗っ取り、日本敗戦後はGHQとともに日本に乗り込んで、敗戦国「日本の破壊」を指導した。ジェンダー論もその一つである。性道徳を嘲弄し女性の自立と解放を語るジェンダーフリーのヒューマンな語り口は、実は悪魔の詩の朗読に他ならない。不倫や家庭崩壊を推進したが、推進したユダヤ社会には不倫や家庭崩壊は存在しない。

がある。まさにユダヤ問題への致命的無知がなした過誤であったといえる。

私のこの小論は、ロシア革命がユダヤ人問題であることを、客観的に明らかにしたいという願いからも発している。「ユダヤ陰謀論」という言葉が日本に蔓延《はびこ》るが、今日の世界は、ユダヤ人の主導するグローバリズムの世界である。日本の外交知力の根底に「ユダヤ人の知」を知る知性が、確固として定礎していなければならない。私の小論は姑息な日本語を解体しようとするささやかな願いも下敷きにしている。

◉ハザール帝国というユダヤ国家

7世紀になると、ヴォルガ河の流域やカスピ海・黒海沿岸を支配する強力な王国が成立した。ハザール帝国（Khazaria：カザールともいう）と呼ばれていた。

ロシア人との血で血を洗う抗争が繰り返されたが、国を持たないロシア人は多くが奴隷（スラブ）とされた。ハザール人たちは740年にユダヤ教を受け入れてこれに改宗。支配階層は全員ユダヤ教徒となった。

ビザンチン帝国・イスラム帝国とも抗争したが、ヨーロッパ大陸がイスラム教で染まることを防いだのもまたハザール帝国の存在に負うところが大きい。現在、世界の「ユダヤ人」の主流を占めるのが、このハザール人たちの子孫である。一般にはアシュケナジー・

ユダヤ人と呼ばれている。

運命の一変は13世紀に訪れた。モンゴルによってハザールのユダヤ人国家は、完全に征服・破壊された。国土はモンゴルのキプチャク汗国の版図《はんと》とされた。この頃からハザール人は自分たちの国家（国家内国家＝キプチャク汗国内のハザール国）の皇帝のことを可汗《カハン》と呼び始めたようである。モンゴルの皇帝は汗《ハン》だからである。

ユダヤ人の多くがロシアの地に逃れたが、その地もユダヤ教徒ハザール人たちにとって安住の地ではなかった。ロシア人たちに建国の契機を与えたのは、スウェーデン方面から南下移住したヴァイキング（ルーシ）であった。彼らはキエフ大公国を建国し、10世紀末のウラディーミル1世のときにギリシャ正教に改宗し、人民にも強制した。モンゴル人の支配ののち、1480年、イウァン3世のとき自立し、滅亡したビザンツ皇帝の後継者を名乗ってツァーリ（シーザー）と称した。多数のハザール人たちがユダヤ教徒として処刑された。結果としてハザール人たちの多数はポーランドに逃れたが、ポーランドも決して安住の地ではなかった。しかし、ハザール人たちは自分たちの帝国を「国家内国家」として堅持していくのである。

16世紀になると、ロシアはハザール人たちを国外へ追放した。18世紀になると、ポーランドが3回にわたり分割され、ハザール人たちはポーランド公国に逃げた。ここでも「国

家内国家」は強固に維持された。特にロシア帝国内ではユダヤ人集落の集団迫害（ポグロム）が繰り返された。ハザール人たちも報復した。民族的な憎しみは時代とともに募る一方であった。

一方、スペインにはスファラディ・ユダヤと呼ばれる集団がいた。１４９２年、スペイン帝国はこのユダヤ人たちを国外追放に処した。彼らはオランダ、イギリスなどへ逃げた。このユダヤ人たちの移動が、近現代の歴史に大きな変動を呼び起こす素地となったことに私たちは留意しておくべきである。

日本人はユダヤ人の歴史に関心が薄い。「マルクスもレーニンもユダヤ人だ」と発言しただけで、どこか独特な視線を浴びるものだ。私が高校教師になった当時は「社会科」の校内研修会でも日教組の先輩たちと論争になったものだ。

産業革命、フランス革命、アメリカの独立……今次の大戦……いずれをとってもユダヤ人たちの存在を抜きにして、歴史を語ることはできない。

◉日露戦争とユダヤ人

朝鮮半島がロシアの支配下に組み敷かれる寸前に日露は開戦した（明治37＝１９０４年２月８日）。日本はどのような戦略のもとに開戦したのであろうか。

それは、満洲でロシア軍の態勢が整う前にロシア軍を明白に撃破する。そしてアメリカに仲裁してもらい講和に入る、というものであった。ただし、戦局の帰趨《きすう》は予断を許さないから、ロシアの革命勢力と連携し、ロシアの継戦能力を破壊する……という補足戦略がついていた。

戦費については、外債に依存する。これは少し補足が必要かもしれない。イギリスはロスチャイルド家を中心に、世界金融の中枢を支配し、ロンドンのシティはまさに世界金融界の中心地であった。日本は高橋是清《たかはしこれきよ》を日本国債の引き受け手を求めてニューヨーク、そしてシティに派遣したのだが、予定の1000万ポンドの半額しか引き受け手はなかった。だが、失意の高橋の前にジェイコブ・シフが現れ、残り全額の引き受けを約束した（シフのクーン・ローブ商会が後のリーマン・ブラザーズとなる）。

歳入2億3000万円の日本は18億円余の戦費をこうして得たのであった。それだけではない。イタリアの造船所で完成寸前の重巡洋艦が2隻あるが、ロシアが手に入れようとしている……資金は貸すから早急に購入し、日本に回航せよ、とイギリス海軍機関からの忠告もあった。残りの艤装《ぎそう》工事と操艦の訓練は日本への洋上で行われた。イギリス士官が指導者である。イギリス士官たちは日本人水兵の学習能力の高さを賞賛している。加えて、護衛の英艦が並航してくれて、日本に無事到着し、「春日」と「日進」と命名された。

戦局は1905年3月10日の奉天《ほうてん》会戦の勝利もあったが、5月27日の日本海海戦におけるロシア艦隊の壊滅を経て、ポーツマス講和会議の開催となる。

日本は強硬に賠償金を要求するが、米大統領セオドア・ルーズベルトは真剣には仲介しない。ロシアも日本と同じく国際金融筋からの融資で戦ったのである。ロシアが日本に賠償金を支払えば、日本はそれを弁済に回すだろう。日露両国には借金を抱えさせて、高利を負担し返済に励ませるのが得策だ。これが国際金融の常識である。

小村寿太郎を名外相だと評する声にはよく接するが、私は素直には承服できない。帰国した小村は、明治天皇の内諾を得ていた「桂・ハリマン協定」を破棄するのだが、シフに代表される国際金融の意図を小村は理解できなかったのである。

エドワード・ハリマンは鉄道王と称されたが、ハリマンはかねてから自分の夢は「地球交通」の実現にあると公言していた。ニューヨークから大陸横断鉄道を経て、太平洋航路により大連に至り、シベリア鉄道によりヨーロッパに到着する。大西洋航路によりニュー

ジェイコブ・シフ

ヨークに帰還するというのがそれである。これは、ポグロム（集団迫害）の絶えないロシアの大地から同胞ユダヤ人を救うための構想と推測された。だが、小村寿太郎はあっさりとこの構想を破壊したのである。激怒したハリマンは「10年以内に日米は開戦するであろう」と演説した。

このハリマンの激怒にはウソはないが、背景には次のような現実があった。

エドワード・ハリマン

アメリカはイギリスのシティの圧力に屈して、通貨制度を金《きん》本位制度に切り替え、アメリカのメキシコ銀は通貨の地位を滑り落ちたのであった。5年前の1900年のことである。この35年前の1865年、南北戦争に勝利したリンカーンが暗殺された。リンカーンは高利の融資（年利24～36％）ではなく、政府通貨（グリーンバック、1862～79年）で国費・戦費を賄《まかな》ったのである。

迂遠《うえん》な周り道をしているようだが、これは小論全体の核心を述べるためには不可欠の部分なのである。同じ理由でジョン・F・ケネディも暗殺されている。

大量の銀を保有していたロックフェラー・ハリマン財閥は、ロシアの大地に眠る金（ゴールド）と石油に視線を転じた。要するに、アメリカ資本主体の意思は、中国・満洲への進出を希求したのである。桂・ハリマン協定はその第一歩だったのである。

日本国民は賠償金ゼロに怒り、東京市内のほとんどの派出所を焼き打ちにした（日比谷焼打事件）。小村寿太郎のために弁明すれば、「国民にすまない」という心情からの「二重外交」がその失策の背景である。小村はハリマンのライバル、モルガンと取り引きしようとしたのである。

桂・ハリマン協定では南満洲鉄道は日米の共同経営であるのに比べ、モルガン側は「車両・レールの類は自社から購入する」といった具合に、「共同経営」ではなく日本側に有利な「資材供給」を提案してきたからである。小村寿太郎外相は、イギリスと相談すべきだったのだ。ポーツマス講和条約が成立する以前に、イギリスは日英同盟の改定を日本に提議してきた。改定ののち東アジア海域からイギリス艦隊の姿は消えた。勃興著しいドイツに対抗するために、ヨーロッパ海域に艦隊は戻っていったのであった。日本はそのイギリスと相談すべきだったのである。南満洲鉄道の「共同経営」から「資本参加」とシベリア方面への運行の自由くらいの対案は仲介してくれたであろう。

一方、煮えくり返るアメリカの怒りは、後のボルシェビキ養成を本格化させるのである。

◉日露戦争と列強間のバランス・オブ・パワーの変化

アメリカの怒りの背景のひとつが日英同盟の改定強化である。イギリスが警戒したのは、ロシアがインド方面に南下してくることである。

この場合、東から日本はロシアを牽制してほしいし、いざという場合は直接にインドにおいて日本軍が英軍と共闘してほしいという点である。インド駐屯のイギリス軍は弱体で、インド兵からなる植民地軍が主力であった。旅順戦・奉天戦を観戦した英軍士官たちは日本軍の精強さに感嘆している。日本海軍と組み、ドイツに備えてヨーロッパ海域へのアジア艦隊の移動の必要を大英帝国は真剣に感じたのである。第一次の日英同盟は、対戦国が一国なら中立を維持するが、複数国になれば参戦の義務を約していた。だから清国は日露戦争での対日参戦を断念したのであった。日本は考えた。改定後の日英同盟ではロシアが再起して再び戦うときには大英帝国も参戦するというのだ。他方でインド、アフガニスタンで戦端が開かれたときには、日本は参戦するという攻守同盟が大英帝国の提案なのである。日本は了承し、第二次日英同盟は成立した。後に述べる伊藤博文の死はこの点に深く関連している。

このアメリカ抜きの日英同盟の成立に激怒したのは、当然にアメリカである。

実は第二次同盟の日本政府の受諾は、1905年5月27日の日本海海戦を目前にした5月24日（締結は8月12日）なのである。ロシアのバルチック艦隊がベトナムのカムラン湾を出港して、日本を目指して進撃しているという日本中が緊張していた最中になされた提案なのである。

日本にはノーと言う選択肢はない。日本は絶対にイエスという他にはないというのがイギリスの視点である。大英帝国の「情報力」は、海戦は日本勝利と判断していたのである。イギリスの「日本が勝つ」という確信は、ひとつは「下瀬火薬」と、「伊集院信管」の情報に基づくものだ。下瀬火薬自体はピクリン酸だが、問題は微小なショックでも爆発するという危険性にあった。これを解決したのが伊集院信管の発明である。砲弾は発射されるとライフル回転しながら飛翔する。伊集院信管の尖端部分と本体部分は、繋がっていないのである。繋ぐのは先端にセットされたリングが、ライフル回転によりネジを伝わって本体部分と繋がるわけである。発射後の空中でセットされるのである。海面に落下しても水柱などは立てない。先述のように、爆発すると2000度以上の水蒸気で敵艦を包む。艦体のロープに触れただけでも爆発し、艦体を猛火で包み、無数の鋼片を飛散させ兵員を薙ぎ倒した。2000度の爆風は塗料まで燃やした。艦上は炎熱地獄となる。砲戦開始後、わずか15分で旗艦以下全艦が戦闘不能に陥ったとされるのは、ロシア艦は焼死体を乗せた浮

遊物と化したからである。ロシア海軍は壊滅した。

日本海海戦は世界の建艦思想の革命を呼んだ。**ドレットノート型❷**の建艦思想である。

さて、バランス・オブ・パワーの変化である。

まずフランスは、支那とベトナムなどでの権益の確保のために、日本との協調を欲した。フランスは普仏戦争以来の対独国家戦略として仏露英の連合を構想していたが、1904年には仏英協商を成立させていた。加えて、日本が外債起債に奔走《ほんそう》しているときに、イギリスの金利上昇から、フランス市場を窺った時をとらえて日仏協約を結んだ。1907年のことである。つづいて、7月にはロシアを説き日露協約を成立させている。翌8月には英露協商を成立させ、念願のドイツ包囲の態勢を完成させたのであった。

ポーツマス講和条約（1905年）の成立後も、南満洲鉄道の引き渡しなどの具体的な交渉は進捗《しんちょく》しなかった。日本は、ロシアがいつ朝鮮問題に干渉するかを警戒し、ロシアは日本軍の北進を警戒していた。1907年の日露協約はこうした相互の疑心暗鬼《ぎしんあんき》を一掃し

❷ドレットノート型戦艦（弩級戦艦）　イギリスの新造艦ドレットノートに始まる新しいタイプの戦艦。高速蒸気タービンによる航行、艦の中心線上に並べた射程距離の長い単一口径の巨砲による一斉砲撃で圧倒的な戦闘能力を実現、在来艦を一気に旧式化した。日本海海戦の連合艦隊旗艦「三笠」はイギリス製で、ドレッドノート型戦艦のデビュー戦となった。

た。南満洲鉄道などの懸案は解決され、朝鮮問題についてはロシアの干渉の余地がないように他の列強（英米独仏）同様に協約した。満洲については、中央を横切る線を引き、日露の勢力地図を確約した。さらに1910年には第二次日露協約を締結したが、発端はアメリカである。桂・ハリマン協定を破棄されたアメリカは、南満洲鉄道の国際化を提案してきた。アメリカから提案の内示を受けたロシアは日本に通報し、満洲の利権については日露が共同して守っていこうとしたのが第二次協約の骨子である。ドイツとの対峙を主眼にしているフランス・イギリスともにアメリカの提案には賛同しなかった。日米の不幸な対立はこうして芽生えていった。

小村寿太郎外交の基盤は日英同盟であり、小村たちは自主独立外交だと自讃した。大英帝国との攻守同盟を頼りにした自主独立外交とは、まるでパロディである。小村寿太郎外相たちは、世界のユダヤ社会を知らなかったのである。

日露戦争勝利をうけて、英米仏独そしてロシアも日本公使館を大使館に昇格させた。

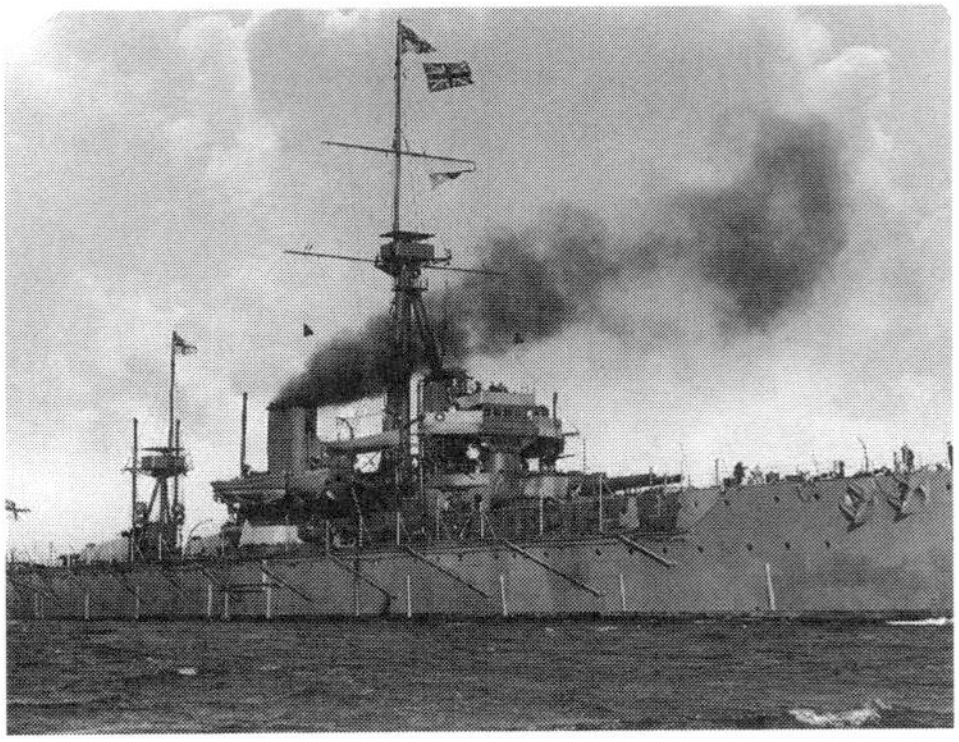

英国戦艦ドレットノート

日本は「一等国」「五大国の一つ」となったのである。念願だった関税自主権も認められた。5％という関税上限枠も撤廃され、自由な関税をかけられるようになった。

「茶つみ」という小学唱歌があった。「……摘《つ》めよ摘め摘め摘まねばならぬ　摘まにゃ日本の茶にならぬ……」と日本人は歌いながら、軍艦や機械を買い、清国・ロシアという大国との戦《いくさ》もしのいできた。それだけではない。隣国朝鮮の滅亡も日本は防いだのだ。朝鮮を植民地にした、というが、史実は「日本と朝鮮は合邦した」のである。日本と大韓帝国は合邦して連合王国になった。5200の小学校、1000余の中学校、帝国大学まで創設し、500余の保健所（病幕）を設け、合邦前の平均寿命24歳は日本人と同じ48歳となった。1000万弱だった人口は2600万人となっていった。世の中では、植民地とは別物を言うのだ。

◉ロシア革命と「ユダヤ・クーデター」

日露戦争（1904～05）でロシアの敗色が濃くなると、ロシア国内では「血の日曜日」事件などの第一次ロシア革命の混乱が全土に広がった。ハザール帝国というロシア内「国家」には、ジェイコブ・シフら国際金融家から多額の資金援助が与えられた。日本帝国もシフたちからの金融支援で戦争を遂行できたのである。明石元二郎《あかしもとじろう》の諜報活動が日本では

知られているが、明石がヨーロッパに携行した金額は400万円だったとされる。

それとは桁違いの融資がロシア帝国内「ハザール帝国」にはなされている。後日のことだが、レーニンは1918年から4年間に4億5000万ドルをシフに返済している。原資はロマノフ王朝や貴族から没収した金塊などだった。

帝政ロシアは1906年5月、ストルイピンを首相とする政府を構成した。ストルイピンは民族主義者であったから、断固とした反ユダヤ主義の政策と革命運動の鎮圧政策を進めていった。レーニンはその難を逃れジュネーブに亡命する。

ストルイピンは「強いロシア」を掲げ、政治・経済改革を進めていった。その結果、ロシアは資本主義国のなかでも注目を浴びるほどの経済成長を遂げるようになった。壊滅した海軍の再建も、自力で進めていった。

しかし、首相に就任して5年後の1911年9月、ストルイピンは暗殺されるのである。狙撃犯はキエフでニコライ2世とともにオペラを鑑賞中に護衛の警察官に拳銃で射殺された。犯人はつづけてニコライ2世にも銃口を向けたが、取り押さえられた。犯人は国家警察の内部に侵入していた「ハザール帝国」のユダヤ人であった。ストルイピンの死亡と、それにともなう混乱により、ロシアの改革は停滞してしまうのである。彼の死の3年後、第一次世界大戦が勃発した。大戦の契機はオーストリア皇太子夫妻の暗殺である（サラエボ事件）。

犯人はセルビアの民族主義者の青年だと諸書は書くが、偽史である。犯人はセルビア陸軍内の黒手組（**ボルシェビキ**❸）の青年将校である。日露戦争後の混乱のなかで、レーニンたちはセルビアの国王夫妻、閣僚たちを殺すクーデターを実行していたのである。

オーストリアの皇太子夫妻を暗殺すれば、オーストリアはセルビアに宣戦する……そうすると汎スラブの盟主たるロシアがセルビア支援に動く……オーストリアの同盟国ドイツも当然動く。前項に記したバランス・オブ・パワーの論理を逆用して、大戦はかくして「創造」されたのである。イギリスは「タヴィストック研究所」の洗脳によって英国民を対独戦に駆り立て、アメリカも「ルシタニア号」事件を創造して参戦し、文字通り世界大戦となってしまった。

ロシア革命へのあまり知られてはいない日本の影響に触れておこう。奉天会戦のときの日本軍の作戦は、包囲殲滅戦であった。ドイツの観戦武官は大軍同士の包囲戦を眼前にして、感動し帰国している。第一次大戦でのタンネンベルグの大会戦のロシア軍の壊滅的敗

❸**ボルシェビキ**　ロシア語で「多数派」の意味。ロシア社会民主労働党分裂後、レーニンが率いた左派・急進派・過激派。暴力革命を主唱し、徹底した中央集権による組織統制が特徴。メンシェビキや社会革命党より圧倒的に少数派だったが、人事と要職を握ったので「多数派」を名乗った。

北（降伏兵多数）は、観戦武官だったドイツ将校の作戦起案に基づくものである。ロシア軍の士気は阻喪《そそう》し厭戦《えんせん》気分がロシア軍にひろがり、レーニンたちボルシェビキの唱える「平和とパンと土地」の主張が次第に兵士や民衆の心をつかむようになっていった。

レーニンはドイツ軍の仕立てた「封印列車」で仲間・武器・資金とともに帰国した。首謀者はドイツの諜報機関であり、資金はロスチャイルド銀行のドイツ支店・ウォーバーグ銀行の支援である。人員、武器弾薬、金塊・紙幣が満載されていた。トロツキーはアメリカ船で同様にしてロシアに入った。

言うまでもないが、レーニンもトロツキーも「ハザール帝国」のユダヤ人である。1917年2月には混乱のなかで、皇帝ニコライ2世は退位した。**メンシェビキ**❹たちが政府を組織したが、民衆の厭戦気分は頂点に達した。10月、ボルシェビキたちは武装蜂起し、冬宮を襲い閣僚たちを逮捕した（10月革命＝ボルシェビキ革命）。

当時は「ロシア革命」とか「共産主義革命」とは報道されなかった。「ロシア・ユダヤクーデター」と報じられたものである。

❹**メンシェビキ**　ロシア語で「少数派」の意味。ロシア社会民主労働党分裂後の右派。10月革命の後、社会革命党ともどもボルシェビキの弾圧・粛清を受け、亡命・崩壊。

最高機関の人民委員会23名のうち17名はユダヤ人である。１９１９年には国号を「ソビエト社会主義連邦共和国」と定めるのだが、未熟な「ソ連」は長くはもたないだろうと観察する人々が多数であった。皇帝一家は愛馬にいたるまで全てが銃殺された。日本は日英同盟に従い、地中海にまで艦隊を派遣し、連合軍の護衛にあたった。同時に日英同盟によりシベリアに出兵してチェコ軍の救出に当たろうとした。革命の結果、ロシア国内にいたチェコ軍がシベリアに逃れていたからである。

チェコ軍の救出に当たろうとした日本軍は、意外な事態に遭遇する。アメリカ軍から妨害・攻撃を受けるのである。日本軍の目的はもちろん、反革命である。アメリカ軍の目的も表向きは反革命だが、実態は革命支援なのである。ロシア革命が主としてアメリカ製なのは、広大なロシアの大地をグローバリズムにより「社会化」したものだからである。これを共産主義と呼称したにすぎない。農地、鉱山、油田、鉄道等々すべては国際金融資本の手に落ちた。

◉「グローバリズム」「インターナショナリズム」「共産主義」は三位一体

土地の私有とか鉱山の私有経営などという資本主義は、不正義であり、インターナショナリズムに立つプロレタリアートが、大地の営みを支配しなければならない——マルクス

は「万国のプロレタリア団結せよ！」と叫んだ。この正義の実現に抵抗する者は殺された。500万人とも1000万人ともいわれる人々が殺された。1919年には**第三インターナショナル（コミンテルン）**❺が結成され、世界革命の実現が宣言された。3年後には日本共産党が結成された。日本では大学生や「インテリ」層を中心に、共産主義思想がひろがった。

欧米に留学した日本人の多くは、インターナショナリズムの価値に「目覚め」、赤（ピン

❺**コミンテルン（共産主義第三インターナショナル）** 1919～43年。コミンテルンは、ロシア語のKomiintern、英語ではCommunist International。第二インターナショナルの瓦解を受け、世界革命の実現を目指す組織として1919年3月、モスクワにおいてボルシェビキ主導で創立。1935年まで計7回の大会を開催、武装蜂起の支援と軍事的規律を決めた。第7回大会では各国機関の要路への潜入と大衆洗脳を方針として決定。英仏米と提携してドイツ・日本を攻撃目標とし、日本の共産主義化のために中国を利用することを定めた。攻撃目標とされた日独は対抗して1936年11月25日に日独防共協定を調印。
第一インターナショナル（1864～76年）1864年、労働者保護を目的にロンドンのフリーメーソン・ロッジで結成。創立宣言と規約はマルクスが起草。共産主義宣言と同じ「万国のプロレタリアよ、団結せよ！」で結んでいる。
第二インターナショナル（1889～1916年）20カ国のマルクス主義者がパリで創設。議会進出とアナーキスト排除、ブルジョア政党との妥協を策した。第一次世界大戦で各国が国際主義を放棄して祖国防衛を支持したために瓦解。

ク）になって帰国した。「親不孝とアカが帰ってくる」という地口が残っている。「親孝行」などというナショナルな価値は、インターナショナリズムからみれば、猥雑《わいざつ》なものである。ドイツに留学した若者は、語の本当の意味で不幸であった。ワイマール・ドイツはユダヤ色の濃い国家だった。だから、美濃部達吉《みのべたつきち》青年は、ユダヤ法学の洗礼をもろに浴びた。イエリネックの『一般国家学』の要語「オルガン・器官」を「機関」と訳し「天皇機関説」を構成するのである。国王（皇帝）などは国家の支配「器官（オルガン）」に過ぎないという師の説を換骨奪胎《かんこつだったい》して、東京帝国大学の憲法講座の正統とするのである。美濃部達吉はもちろん共産主義者ではないが、親不孝者ではある。

敗戦国ドイツはGDPの3倍という賠償金を課せられ、紙幣の大増刷に踏み切った。いわゆるレンテン・インフレが国民生活を破壊した。主婦が乳母車に札束を満載し、夕食の買い物に行く光景は有名である。これは何を意味していたのであろうか。次の戦争の準備である。

日本人の多くは、ロンドンにある世論操作研究機関（タヴィストック研究所）を知らない。アドルフ・ヒットラーはどうして登場したのだろうか。同じようにFDR（フランクリン・デラノ・ルーズベルト）がヒットラーの首相就任と同じ年に大統領に就任したのはなぜだろうか。「デラノ」というのは母方の姓で、上海のサッスーン財閥の一族であり、阿片を扱っ

て巨富を築いた富豪である。支那の浙江《せっこう》財閥（宋嘉樹）と関係が深く、蒋介石は後にＦＤＲの駒となる。

次の戦争の相手国はどこか。ドイツ、日本、そして支那である。

１９１３年12月22日、イギリスの代理人たちはクリスマスでほとんどの議員が帰省している間隙を狙い、かねて懸案のアメリカ連邦準備制度（ＦＲＢ）の創設に成功するのである。アメリカが１７７６年に独立して以来、イギリスの対米政策の核心はアメリカを植民地の状態に繋ぎとめておくことであった。１８１２年には米英戦争が勃発した。南北戦争も、米英の代理戦争である。先述のように北軍のリンカーンは暗殺された（ＪＦＫの暗殺も背景は同じ）。

事態の本質は、通貨の発行権の争奪である。今のＦＲＢ（連邦準備制度理事会）をアメリカの（国立の）中央銀行と誤解している日本人は少なくない。ＦＲＢはシティやウォール街の12の民間銀行が経営するれっきとした民間銀行である。最大の株主はイギリスのロスチャイルド家の銀行である。民間銀行のＦＲＢがドル紙幣を印刷し、それをアメリカ政府が借りて予算を組み、利子をつけて返済する。戦闘機でも空母でも、借金で動いているのだ。その借金は誰が返すのか。アメリカ国民である。

笑いが止まらないのは誰で、永遠の借金地獄に生きるのは誰か。今のアメリカの農民の

なかで、自分の土地を所有している者は、どれくらい残存しているのだろうか。多くが他人（銀行・企業など）の土地を耕しているのだ。今日のアメリカ人は絶滅危惧種と化している。格差社会はアメリカだけではない。わが日本も、アメリカ化していきつつあるのだ。日本銀行も株式会社である。日本政府はただ、株式の53％を保有しているにすぎない。日本政府の財政赤字が1000兆円を超えたと、メディアは騒ぐ。だが日本政府の赤字（借金）は95％以上が日本国民からのものである。

いま日本銀行の支配権が狙われている。狙っているのは何者か。

ラーザリ・カガノビッチ

イギリスはアメリカと連動して、戦争を創造し、ソ連という「共産主義」国家を「創造」した。次はソ連と支那を利用し日本破壊を実現した。あのスターリンは暗殺されたが、枕頭に侍していたのは**カガノビッチ**❻であった。カガノビッチと「ビッチ」を付けていかにもロシア風の名乗りにしているが、彼は「ハザール帝国」の「可汗《カガン》」なのである。スター

リン暗殺の主役は**ベリヤ**❼だが、カガノビッチの手を裏切りの血で染めさせなかっただけのことである。

日本人ほどユダヤ史を学ばなければならない国民はいないと私は確信する。

外交視力強化のためにもグローバリズム世界を深く学ばなければならない。

深く学ばないように設計されたバリアのなかに日本は立たされている。

なお、「支那」の語は、お経を支那語訳した唐の三蔵法師《さんぞうほうし》玄奘《げんじょう》に始まる。「秦：China」を「支那」と書いたのである。これが現在の英語表記「China」の元である。「フランス」は「棒を持ったケッタイな奴」というローマ人の華夷《かい》意識のあらわれであり、ゲルマンとは同じように野蛮人の意味である。

支那の語の使用禁止は昭和21（1946）年6月6日の外務省・岡崎勝男総務局長の通達による（GHQ命令による）。なお、「卑弥呼」は日本人が「日御子」と発音したものを悪字で表記したものであろう。

ラヴレンチー・ベリヤ

❻ラーザリ・カガノビッチ　（１８９３〜１９９１）ウクライナ出身のユダヤ人。スターリンの側近として大飢饉を招来した責任者。冷酷無比の弾圧・粛清から「鉄のラーザリ」の異名を持つ。

❼ラヴレンチー・ベリヤ　（１８９９〜１９５３）グルジアの少数民族出身。スターリンのユダヤ人大粛清の主要な執行者。ＮＫＶＤ《エヌカーヴェーデー》（後のＫＧＢ）議長。スターリンの死後は第一副首相。１９５３年、フルシチョフによって国家反逆罪とされ死刑。スターリン暗殺の首謀者とされている。

【第3章】

人格の基礎と「愛国心」

◉私がたどった道のり

学校（法学部）を出て、通産省に入る。ドイツ研修を命じられ、在独中に東京で妻が交通事故で23歳の生涯を閉じた。急ぎ帰国した私は、ほほ笑む遺影に精神の平衡を失いかけた。気がつくと岐阜の大寺の雲水の一員になっていた。そして、公立高校の教師になった。以後、定年まで38年余、「社会科」の教師として教壇に立った。生徒指導部長を15年間勤めたが、これは県下の珍記録だったようだ。

高校野球の監督・部長も務めた。甲子園は目前にして何度か涙を飲んだ。神宮大会に行くとき、「次は西だぞ」と生徒と誓い合った。歴史教科書のひどさには忍耐の限度を突破さ

れて、批判の書を出した。民主党への政権交替もあり、私は危機感を強めていた。

◉上手になれる者となれない者

高校野球の練習試合で4本のホームランが飛び出した。相手側はゼロだった。「凄い打球ですね」と褒められた。50歳で転勤して3年目の春だった。相手校は昔ながらの甲子園の優勝校、四日市高校である。当然のような顔をしている我が校の上級生に比較して、新人たちのなかに驚きが走った。次の試合では5本が飛んだ。

私の転勤した学校はいわゆる野球の有力校ではない。16年間に夏の公式戦では僅かに1勝しかしたことがない弱いチームだった。中学校の主力選手はすべて有力校に進んでいた。だが翌春から勝ち始めた。それは上手《うま》くなる選手が現れ始めたからである。

ここに厄介な問題が介在している。野球にはそれ相応のセオリーがあるが、セオリーを学ぶ（真似ぶ）ことのできる者とできない者とが二分されてしまうのである。バッティングの理論を真似ることのできる者はホームランを打てるようになる。投手は140キロの速球を投げられるようになる。「できる」者とはセオリー（情報）を自己化できる者である。自己化とは私の造語ではなく医学用語を借りた。

知性も人間性も脳がつくる。知能指数（IQ）を多くの人が「脳力」と考えているが、

人格も性格も、そして運動能力も「脳力」なのである。

◉教育学の歪み

いままで教育学は、多くを心理学や哲学に依拠してきた。事情が大きく変化したのは1990年頃からである。1960年代の心理学は「心」というとらえどころのないものを対象にすることを意識的に避けて、実証的に分析できる「行動」を対象にして学問領域を形成していたのが「行動主義」の心理学であった。

この頃にパラダイム（思考様式）を得た教育学者が今日の教育学会の主流をなしていると言えようか。この系が「受容と共感」とか「カウンセリングマインド」などという怪しげな用語を駆使して生徒指導の基盤を損なってきた。加えて、人権に名を借りたイデオロギーが教育学を汚染してきた。

「まともな」学者の世界では教育学者といえば、シニカルな対応に遭う者は少なくはないはずである。私ごときはもちろん学者ではないので受難を免れているが、教育学部教授の某君などは、学匪《がくひ》のような扱いに曝されている。特に医学部で脳を専門にやっている連中は「教育学」に批判的である。

◉ＩＱそしてＰＱ

「こころ」を医学の対象として発達したのが認知心理学だが、ハワード・ガードナーの提唱する多重知性理論は、認知心理学の最大の成果であろう。彼の多重知性理論の発表は1983年なのでやや古い。最新の認知脳科学では、私たち人類の知性は次の8つに分類される。

（1）言語的知性
（2）論理・数学的知性
（3）音楽・リズム的知性
（4）身体運動的知性
（5）視覚・空間的知性
（6）対人的知性
（7）内省的知性
（8）自然・博物的知性

これらを司《つかさど》る大脳皮質での各部位も既に明らかにされているのだがここでは略する。多重知性理論の核心のひとつは、8つの知性はそれぞれに独立し無関係にあるという多重性の認識にある。例えば、身体運動的知性に優れた者が論理数学的知性に劣るとすればそれは脳の事実なのである。では、バラバラの8つの知性を統括する知性を何と呼ぶのか。

それが前頭連合野《ぜんとうれんごうや》（Prefrontal Association Cortex）という脳領域に部位する知性である。この知性をPQ（Prefrontal Quotient：前頭前知性）と呼称している。この知性は多重知性理論にいう8つの知性とは別の知性である。人類の脳進化の歴史のなかで最も新しく、そして人間のみが飛び抜けて発達しているのが前頭連合野である。IQもEQ（感情的知性）もそれぞれに大切だが、他の知性とともにPQに従属するものであり、PQこそが人間の中心である。

◉ムカつき切れることとEQ

EQ（Emotional Intelligence Quotient：感情的知性）の脳科学的発達の遅れがムカつき・切れの原因である。繰り返すが、IQが問題なのではない。IQの高い集団でもバレなければ何をしてもよいという風潮は強まっている。匿名の暴力性をよく知り、目立つと損をすることをよく知っている者たちはIQの高い集団ほど多いかもしれない。アンケートには

気に入らない者の名を書きまくり、嫌いな教師がいれば教育委員会にチクリ文を送りつけるといった具合である。

このようにEQは他人の感情・表情や自分の感情を理解し記憶し、自分の感情を適切にコントロールする知性をいう。核心は感情である。よく似た知性に社会的知性（対人的知性。以下同じ）があるが、この知性は人間関係などの社会関係の理解・知覚・記憶であって、これらに基づいて適切な社会的行動を行う知性である。結婚生活などを円滑に営む知性である。

さてPQである。一言でいえば「自我・人間性」であろうか。自分の多重知性を統括し、将来（長期・目前を問わない）へ向けた計画を多重な情報を利用して前向きに生きるために構想する知性で、性格・人格・主体性・独創性・アイデンティティ・他者への愛など、各様の言葉で私たちはPQを語っている。

最初に野球を例に書いたので、再度、野球を例にする。チームが強くなるということはPQが活性化されることである。指導によって、自分の球が速くなっていくことを自覚すれば、その選手は必ず練習熱心になる。自分の打球が外野手の頭上を軽々と越えるようになると、彼は手を血まみれにしてもスウィング練習に励む。彼らのPQは活性化して、上手くなりたくてたまらなくなっているのである。

なぜだろう？　それはＰＱの属性たるアイデンティティの欲求だからである。８つの知性の一つである身体運動的知性の自己納得と活性化は、ＰＱと連動しアイデンティティを充足しようとするのである。そして活性化されたアイデンティティは、逆に下位の分野のたとえば社会的知性をも刺激し活性化させる。彼はかならず礼儀正しくなり、措辞《そじ》を弁《わきま》えた言動の人物となる。

これは身体運動的知性がＰＱを介して社会的知性と連動したからだが、ことの次第は他についても同じである。言語的知性が「ロボトミー手術」を受けると、彼のＰＱは当然ながらアイデンティティの破壊を受ける。

◉「ロボトミー手術」としての歴史認識の破壊

「ＰＱ」を脳科学的に発見したのはアントニオ・エガス・モニス（ポルトガル）で、１９４９年にノーベル生理学・医学賞を授与された。「発見」は事故により前頭連合野に損傷を受けた不幸な青年の治療を発端に、乱暴だった青年が従順になったことから、凶悪な囚人にまで手術は拡大された。特殊なメスを前頭連合野に入れるだけの手術は、親の言うことを聞かない子供（！）にまで拡大された。症例は3万を超えるという。ソルジェニーツィンのノーベル文学賞受賞（１９７３年）で有名になったソ連の「収容所群島」では盛んに行わ

れたようである。今日では禁止されている。理由は「副作用」である。

たしかに狂暴な人間がおとなしくなり、まじめにはなる。しかし、「人間らしさ」が消滅するのである。積極的に幸せになろうと努力したり、希望・夢・将来への関心・進路への興味・個性や主体性への関心をすべて失ってしまうのである。まさに私たちが「自我」と呼んでいる人間的属性が消滅する。温順でまじめにはなるが、真似・模倣しかできないロボットと化すのである。だからこの手術は「ロボトミー手術」と呼ばれている。しかし、8つの知性分野は損なわれはしない。IQも低下せず、言語能力、論理数学的能力にも損傷は発生しない。だが、彼はまったく生気をなくしている。自分とはどこにいるのかという哲学的な問いかけへの回答は、自分は脳の内にいたという散文的回答に帰着するのである。正確に言えば、自分は自分の前頭連合野にいたのである。

付言すれば、「東京裁判史観」とは、日本民族への「ロボトミー手術」の後遺症そのものである。日本人の8つの知性分野には何も損傷はない。だから、逆に素晴らしい能力を発揮している。だが、日本のPQは深刻な損傷を受けた。日本人の自我は病んでいるのだ。

◉愛国心の「教育」とはどういうことか

愛国心の教育とは、愛国心を持つようにと教えこむことではない。数学の授業で、微

分・積分を理解したなら、論理数学的知性はＰＱを活性化させるであろう。数学をもっと勉強したくなるだろう。音楽的知性についても同じである。活性化したＰＱが問題の根源なのである。他の教科は全て枯れているのに、ひとり歴史の授業だけが実り多いはずはない。これが前提である。教育というものは総体的な営みである。そして、歴史の授業は特有の「任務」を負うのである。いくつか例を挙げたい。

（1）祖父母（4人）の名を言えるかどうか。過半数の高校生は言えない。先祖の数は2のn乗であるから、21代前の先祖は１００万人を超える。30代前なら15億人となる。今上陛下（という言葉を教えてから）は１２５代であると教えると教室は騒然となる。２の１２５乗は普通の電卓では計算不能である。そして、生徒が言う。「あ！　これは収斂《しゅうれん》だ！」「共通の先祖になるのだ」「だからお伊勢さんなんかあ」

万世一系は肉体の事実だと生徒は知る。「天皇陛下万歳！」にジ～ンとくる人は自分の肉体の事実に感応しているのだ、と説明すると生徒は粛然とする。入学式で「国歌斉唱」のとき上級生は大声で歌うが、そのことに新入生や父母は驚いている。

（2）「渡辺よ、君はなぜ渡辺なのか」「?・?・?」「嵯峨天皇の六代目の子孫が渡辺の名《みょう》を賜

り名字《みょうじ》とした。渡辺の綱《つな》という。嵯峨源氏は一字の名乗りをしきたりにした」

おなじように、鈴木や高橋のいわれについても解説しておくとよい。「天照大神にゆかりの鈴木なるぞ……皆の者、頭《ず》が高い！」と鈴木の大声。「なんだ、さっきは〝てんてるだいじん〟と読んだじゃないか」（爆笑）

武士発生の学習の1コマである。佐藤、近藤、遠藤、伊藤などにも触れ、名字と苗字についても触れる。

姓（苗字）・名字の意味を知ると、服装、髪の色・形まで変わるものだ（この件は後の「フリッツとの対話」でも話題にしている）。

【第Ⅱ部】日本人はグローバリズムは共産主義だと知らない
――ドイツ人フリッツとの対話

【対談の前に】

日本の滅亡は近いのだろうか

◉対談のための注記

私は長年の友人フリッツ（ドイツ人）と、社会を欺《あざむ》きつづけているグローバリズムの欺瞞《ぎまん》について議論した。共産主義はインターナショナリズムが基調だが、なぜなのか。グローバリズムには、部分的な警戒心を示しても、これが新しい形の共産主義であることには世界の人々（日本人だけではない）は無関心である。

いまのアメリカには、アメリカ人はいない。いるのは膨大なプロレタリアートと、少数の大富裕層のみである。日本の状況もやや似てきている。旧ソ連の国民は豊かだっただろうか？　そんなことはなかった。アメリカはソ連に似てきているのである。

ソ連とはなにか？　レーニンやトロツキーは、米英独の振り付けで踊った男たちなのであった。詳しくは後述するが、「米ソ対立」とか「冷戦」とかは、世界の真の「支配者」たちの演出した茶番なのである。中華人民共和国の誕生についても、事情は同じである。

マルクスは笑いをかみ殺しながら、『資本論』以下を書いたに違いない。

マルクスはユダヤ教のある一派の信者であったと、私は解している。この派の特徴は逆説と転倒語（あいうをういあ）を頻用することである。論敵プルードンの著『貧困の哲学』を罵《ののし》るために、マルクスは『哲学の貧困』を執筆したという具合である。マルクスの書を読むと逆説・転倒語法にあふれている。そして彼の最大の逆説のひとつが、あの「万国のプロレタリアート、団結せよ！」だろう。プロレタリアートは団結したら「国民」になるしかないのである。プロレタリアートには祖国はない、というのが嘘なのだ。祖国喪失の民、それが「万国のプロレタリア」なのである。

「日本列島は日本人だけのものではない」と放言した元首相がいた。これを「博愛・平和主義の理念だ」と褒めそやした女性政治家がいた。

◉対談者のフリッツについて

フリッツはドイツ人だが、米国の大学で中国語を専攻した中国問題の専門家である。彼

の書く漢字は正字体である。彼は言う。今の中国の「略字体」は、中国人を文盲にしている謀略文字だと。中国人の大半は建国（１９４９年）以前の文字が読めないのだ、と怒りを隠さない。私が通産省時代にフランクフルトに滞在したとき以来の友人である。私より一歳年下だが、学歳は私などより遥かに先輩である。

それでは対談を始めよう。

◉日本国憲法は占領管理法であって憲法ではない

フリッツ（以下、F） 私は10月に帰国するが、この1年間の日本滞在は実に勉強になった。世話にもなった。君とは何年の付き合いになるのかなあ……。

若狭（以下、若） 1965年以来だから、ちょうど50年になる。半世紀だよな。

F フランクフルトで君は若い妻の悲しい死に接した。急ぎ帰国したあれ以来だったのだなあ。

若 今日は君とは激論覚悟でいるんだ。湿った話は無し、だ（笑）。

F 高校の教師だった君に聞きたい。日本の女子高校生の不道徳な雰囲気や服装はどこから来ているのかな？

若 私には自分なりの答えはあるつもりだが、まずは君の批判からどうぞ。

F　彼女たちのあの格好は、自分に誇りを持てないという告白なんだ。誇りを失った……という告白のスタイルさ。つまり日本人全体の象徴なんだ。

若　戦いに敗れて、GHQによる7年間の追撃戦でさらに敗北した。これが根本だ。

F　話が拡散してもいけないから、まずは根本からいこう。憲法だ。日本は憲法を改正したよな。力関係で仕方なかった、なんて言うなよ。日本にはプロシア憲法を下敷きにした大日本帝国憲法が厳存していた。連合軍はハーグ条約を無視して日本の憲法を廃止し、新たな憲法を押し付けた。憲法と称してはいるが、あれは占領管理法に過ぎない。戦後70年経過したというのに、日本人は占領ボケをまだ押し頂いているのはどうしたわけか。日本人とはそんなに腰抜けなのか。だからマッカーサーから12歳だとバカにされたのかな。

若　日本国憲法は占領管理条約だ。だから失効宣言を発して新たな憲法を制定すべきだとは思う……日本人の多くも、憲法改正の必要は感じているはずだ。

F　改正だって？　占領管理条約を憲法と認めて、改正とは無茶苦茶な話だ。

若　ドイツはある意味において幸せだった。分割占領され、ドイツ政府は存在せず、降伏したのはドイツ軍だった。ドイツ国家は存在しないと擬態した。ところが日本はそうはいかなかった。

F　冗談じゃない。アメリカはじめ連合国は日本と同じように占領憲法を押し付けようとした。しかし西ドイツ11州は結束して、臨時の西ドイツ基本法しか認めなかった。主権も自由も持たないドイツ国民がどうして憲法なんか制定できるのか、もし占領軍が強制して憲法を制定するというのなら、われわれドイツ国民は占領軍には協力しない……と、私の父の世代たちは頑張った。西ドイツ基本法の前文には「ドイツ国民は、過渡期における国家生活に、新秩序を付与するため、この基本法をグルンドレヒト（基本法）として、東西統一後、ドイツ自然法を制定する」と書き、さらに末尾の146条には「この基本法はドイツ国民が自由なる決定によって議決した憲法が効力を生じる日においてその効力を失う」との規定まで設けていた。

若　占領憲法の無効宣言をして、帝国憲法を復活させ……。

F　ちょっと待てよ。国会で無効を宣言すれば足りるはずだ。そのあと、帝国憲法の手続きに従って改正するのだ。今の日本国憲法を改正せよというのではない。論理と法理の無視だ。

若　君こそちょっと待てよ。**無効論❽**と**失効論❾**は違う。君の論理は失効論だ。たしかに、ドイツと違い改憲命令に抵抗は試みたが、奏功せず、独立回復の暁にはと涙を呑んだ経緯がある。改憲案を審議した枢密院で美濃部達吉《みのべたつきち》審議官（東大教授、憲法）はひとり起立しなかった。みんな泣いたという。

日本とドイツの運命を分けたのはドイツ魂の強靭さもあるが、1950（昭和25）年6月の朝鮮戦争の勃発と冷戦の激化もある。私の生まれ育った福岡はアメリカ軍の主要基地で、私は小学2年生だった。校舎のガラス窓を震わせてアメリカ軍機が飛び立って行った。アメリカは日本軍の再編・再建を要求してきた。日本人の多くは、アメリカ軍の盾に日本人を使おうとしていると考えた。解体されていた日本軍の再建・再軍備に真っ先に反対

❽**無効論**　占領という状況がなくなるから無効になるという理論。
❾**失効論**　サンフランシスコ条約批准と同時に占領という臨時的状態はなくなり、独立するために効力を失うという理論。

したのは左翼勢力だった。国民の多くも反対した。ここに日本独特の奇妙な屈折がある。再軍備を禁じた9条が、平和擁護のシンボルと化していったのさ。アメリカ兵の盾にされ、朝鮮で日本人が擂り潰されるのはお断りという信条・心情が広く共有された。

その中で憲法論議は9条改正、つまり再軍備の可否に歪曲されていったのだ。NATO軍の中心を担ったドイツ人との違いがここらあたりにある。

F ……勉強になった。君の故郷の福岡から20分飛べば戦場だったものな。しかし、ドイツは、東ドイツ・ソ連軍とは陸続きで対時していたのだ。降伏したドイツ軍は再編されNATO軍の主力となっていった。だが日本軍は解体だ。

そうなんだ。日本軍は解散していた。単にドイツ魂の問題ではないよな。ドイツ軍は存在し、その上でドイツ人は発言していたのだ。

日本軍は存在しない。アメリカに何か日本が言っても、空しい。ひとつ勉強になった。僕って単純なんだ。日本人は腑抜けみたいなことを言った。謝るよ(笑)。

◉老人の白骨死体と女子高生の性病

若 謝ることはないさ(笑)。女子高校生の〝不道徳な格好〟から思わず憲法に飛んだ。だ

が、さほどにはおかしな展開ではなかったと思う。日本の堕落の根はほかならぬ「日本国憲法」にあるからだ。

日本占領軍は、日本固有の憲法を廃棄したり、制定したりする権限を国際法上、または条約上持つものではない。だから、日本の正当な憲法は大日本帝国憲法以外には存在しない——これが法理的に正しい唯一の解釈だ。占領軍が作りえたのは、占領管理条約までだ。日本国「憲法」という占領条約の作成目的は、要約して箇条書きにすると、次のようになると、私は思う。

エッセンスは日本国民の純度を落とすということだ。

(1)家族制度の破壊
(2)民族的歴史の抹消
(3)愛国心の否定
(4)自由の過度の強調
(5)悪平等主義の肯定
(6)道徳心への嘲笑
(7)拝金主義

（8）３Ｓ政策（セックス・スポーツ・スクリーン《娯楽映画》）
（9）享楽主義
（10）義理人情への嘲笑
（11）信仰心への嘲笑
（12）先祖への敬意の解消
（13）我利我利《がりがり》主義
（14）責任感への嘲笑
（15）公僕（警官・消防士・自衛隊員など）への敬意の解消
（16）武士道への嘲笑
（17）敬老心の霧消
（18）社会保障の過度の強調
（19）国防観念の否定
（20）ジェンダーフリーの鼓吹

この20項目の占領目的は確実に成果を挙げつつある。

この数日での最も暗いニュースは１００歳老人の行方不明事件だ。１１１歳になるはず

の老人が、白骨化して自宅で発見された。死後30年を経過していたという。家族？　部屋に鍵をかけていたようだ。老人の年金などを詐取していたわけさ。私の老母は100歳で逝った。市役所から所在を問い合わせる手紙が来た。自宅と書いたら、「老人ホームではないのか」と電話がかかってきた。「及ばずながら家族で世話している」と返事したら、「珍しいですねえ」ときた。情けないハナシだよ。

女子高校生の堕落した格好も、白骨化した祖父と30年も同じ屋根の下で暮らすのも「日本国憲法」に仕組まれた原理の現象形態なのだ。

20項目の「人間の純度」を落とす要点はなにも日本だけのことではない。個人的には私は高校のこの問題の正面のゴールキーパーだったからよく分かる。「国民の純度」を落とす努力はグローバリズムとして推進されている。インターナショナリズムというのは、ナショナルな（民族的な）ものを否定するイズムだよな。経済のグローバリズムは文化の面でのインターナショナリズムだ。ナチスが「国家社会主義ドイツ労働党（NAZIS：National-sozialistische Deutsche Arbeiterpartei）」というのは、反インターナショナリズム・反グローバリズムという意味だ。文化や生活はナショナルなものでしかありえない。「古池やかわず飛び込む……」はインターナショナリズムでは成り立ちえない。

どうも話が散漫になるな（笑）。端的に言うよ。不道徳な女子高校生の格好、と君は言っ

た。少し古いが10年前の東京都生活文化課の調査では、高校3年生の女子の7・6％が「援助交際（売春）の経験あり」と答えている。平成16（2004）年に文部科学省が日米韓中の高校生に対して行った調査では、結婚前のフリーセックスを否定したのは、米国が52％、中国が75％、韓国が74％、そして日本が33％だった。日本は女子の方が男子より貞操観念が低いのだ。男女平均で33％というのは、女子は何％がフリーセックスを否定したのだろうか。赤坂六本木診療所による平成12（2000）年の調査によると、10代の女性の300人のうち81％がクラミジアやヘルペスなどの性感染症にかかっていた。データがやや古いけど、状況はさらに悪化している。ドイツでもフリーセックスの思潮は大きな問題だ。根源はマルキシズムなのだ。

これはどこまで遡る議論になる？　「一杯の水」までか？

◉ジェンダーフリーとフリーセックス

F　そうそう、ソ連共産党の理論家だったコロンタイン女史の、喉の渇きを癒やす一杯の水は、セックスについても同じで、男女の渇きは一杯の水で癒やされなければならない……という例の理論。性の解放という「理論」さ。

若　フランクフルト・マルキストの代表的存在、ルカーチは、ハンガリー革命政府の文部大臣に就いた。このとき児童・生徒に過激な性教育を施している。革命が敗北したのちドイツに逃れ、1922年、フランクフルトに「社会研究所」を作った。これらの経緯については、拙著『日本人に知られては困る歴史』（ワック刊）に書いておいた。うん、あの二部作の「戦後編」だ。フランクフルト・マルキシズムはルーズベルト政権の中枢にも侵入した。

日本ではGHQに潜伏し、日本を破壊した。「憲法」はその一つに過ぎない。国民の純度を落とす……と先に私は言ったが、日本滅亡の仕組みはこうして作られた。

F　病気や事故死があるから、人口が維持できる最低の出生率は2・07であり、日本の出生率は1・43と低迷している。東京都などは1・13だという。このまま推移すると30年後には人口1億人を割る。2080年頃には日本の人口は7000万人ほどになり、150年後には日本人はゼロとなる。私は中国問題の専門家として断言するが、1000万人の中国人が日本に移住すれば、日本は日本でなくなるな。民主党時代の日本政府の少子化対策は全く漫画だったよ。それは、男女共同参画（ジェンダーフリー）が基本になっており、逆効果でしかなかった。子ども手当というのは1億人の買収だ。

私は世界で最も優れた国民は、日本人だと思う。ドイツ人より素晴らしい、とさえ思う。2011年の大震災で見た日本人の素晴らしさは、世界に感動を与えた。略奪・暴行がない。女性は安全だ。滅ばないでほしい。しかし、決定的な危機は近い。円高が進む……企業が海外に拠点を移す……政府は無策だ。ドイツは低賃金の外国人を入れて、今日にいたり深刻に後悔しているのに。

若　多くの女性が、育児に縛られたくないとか、仕事で自己実現したいとか宣《のたま》う陰で、日本では届け出されただけでも、年間で200万人の胎児が堕胎されている。専門家は、実数は2倍あるというから、堕胎が止まれば日本人の減少は止まるはずだ。

セックスは子孫を残すために動物に与えられた本能だが、これを一杯の水を飲む、レジャー並みに貶《おとし》めた。だから隠れた数百万人の胎児の生命が奪われている。

ジェンダーフリー（gender free）というのは日本語だよな。というのは、この語は実際には文法用語。名詞の性別ということ。ドイツ語でMädhen（少女）のジェンダーは中性。バリアフリーをもじって、ジェンダーフリーという日本語が作られたわけだ。性別文化・秩序を否定するのが、この言葉の核心……専業主婦なんてダメ……夫婦別姓、看護婦は看護師、男らしさ・女らしさの否定、男女別学校の否定、「母性」は本能ではない、ひな祭りや

端午の節句の廃止……1999年には男女共同参画基本法という異様な法律の成立。

女性解放という観念は古いが、J・S・ミル『女性の解放』などが古典。日本では『**青鞜**⑩』あたりかな。

第2期が1960～1980年の頃かな。ベティ・フリーダンたちが主導したラジカルなウーマン・リブといわれた時代……日本？　田嶋陽子たちかな……セクハラ……ピンクのヘルメットが懐かしい……を経て、今日ではまさにジェンダーフリーの時代となった。

アメリカの心理・性科学者ジョン・マネーが文法用語に過ぎなかった gender に「社会的・文化的に作られた性」という意味を付与して、ジェンダーフリーという言葉が日本経由で世界に発信された。ルカーチ、フロム、マルクーゼ、フーコー……日本では上野千鶴子、大沢真理、加藤秀一氏たちが指導者だ。

フランスの「ポスト・モダン」の指導者フーコーはセクシュアリティ（sexuality）という用語に独特の意味を付与させている。この言葉は元来「欲望」なのだが、「性現象」という

⑩青鞜（せいとう）　明治44（1911）年から大正5（1916）年まで平塚らいてうを中心に発行された女性による月刊誌。青鞜はブルーストッキングの和訳。「青い靴下」は当時の女性解放のシンボルであった。貞操問題、堕胎問題、売娼制度などを論じ、発禁処分に。

意味を付与された。フーコーによれば男女間の性的欲望は「知」によるもの、つまりは「文化現象」なのだから、「一杯の水」に過ぎない。つまりは、「構造主義」の登場になるわけさ。元祖ルカーチ先生を水源にしているわけだ。

共産主義は1億人以上を殺したが、ジェンダーフリーはどのくらいの胎児の生命を奪い続けるのだろう。

F フランクフルト・マルキシズムが、また分かった（笑）。

これは一体何なのだろう？　ニヒリズムというか人間憎悪……の底知れぬ闇が土台にあるとしか思えない。ニーチェあたりを読み返すべきだな。

若 人間は疎外されて、ブルショア社会に構造化されているから、「批判理論」で文化規範を突破しなければならないというのが論理の土台だ。戦場は文化だというのがフランクフルト流だ。

平塚らいてう

【第1章】

紙幣という欺瞞と人類の厄災

◉ケネディ暗殺とリンカーン暗殺

F　君の著書を読んで、論争覚悟で今日は来た（笑）。

FRB（アメリカ連邦準備制度理事会）の欺瞞……のくだりは考え込んだ。ギリシャの破綻はユーロ圏のただなかに生きているわれわれドイツ人にとっては、ただごとではない。政府紙幣に戻るべきだとも考えた。

FRBの「B」はバンク（銀行）ではなく、ボード（理事会）だというのを、多くの人は知らない。ドルはアメリカ政府の紙幣（政府紙幣）ではなく、FRBを構成している12の私立銀行の印刷する私幣（紙幣）であるとは知っていたが、意味するところを考えて、正直言って、考えこんだ。私の職業はいちおう大学の教授だ（笑）。

若　知らぬが幸せということもある（笑）。知って死ぬ者もいた。え？　誰かって？　1963年11月22日（現地時間）に殺されたジョン・F・ケネディ大統領だよ。彼は同年の6月4日、政府紙幣の発行を財務省に命じる大統領行政命令第11110号を発令した。死後、発行されていた政府紙幣42億ドルは直ちに回収された。犯人とされたブース・オズワルドも暗殺された。

リンカーン大統領も政府紙幣の発行を意図して、暗殺された。犯人の名はまたもブースだ。そのブースも消された。

FRBが紙幣を印刷する。それをアメリカ政府が借りる。返すのはアメリカ国民さ。国民は納税し、政府は利子を付けて返す。巨大な利潤がもたらされる。

政府紙幣なら政府は返す必要はない。膨大な利子もない。国民の負担も軽い。

F　アメリカ政府の膨大な赤字財政というのは、このようなシステムの産物なんだ。政府券なら政府財政の赤字というのは別のものになるよな。

若　別のもの？

F　自分が自分に借りた、ということさ。

若　踏み倒しということか？

F　聞こえは悪いが（笑）、そういうことだ。

◉日露戦争の戦費と野麦峠——製糸工女哀史

若　日本の明治維新をお金の面からみるとおもしろい。反幕府側には資金はなかった。どうしたかと言うと、政府券を印刷した。「太政官札《だじょうかんさつ》」という。これで国内的には軍資金とした。貿易には金貨と銀貨を用いた。日本は金と銀の交換比率は1対4だったのに比し、欧米では1対16だった。どっとメキシコ銀が流れ込み、金の小判が流れ出た。

たちまち物価は急騰し、幕府は人心を失った。明治維新の大事な裏面史だ。最終的には日清戦争の賠償金2億両（テール・ポンド正貨建て）で2円＝1ドルで金本位制度に参加できた。1897（明治30）年のことだ。

太政官札は「円」札に切り替えられた。刷りなおして、国民はこれを使った。踏み倒し

ではない。ただ、産業育成や武器・軍艦の購入には、外貨が要る。茶や絹を輸出した……必死にな。「茶摘み」という小学唱歌がある。「摘めよ摘め摘め摘まねばならぬ、摘まにゃ日本の茶にならぬ」と歌った。

政府が猛烈な勢いで義務教育の普及を進めたのにも、こうした背景がある。読み書きはもとより計数能力を備えた労働力でなければ、国際競争力を備えた製品はできない。製糸工場などには、士族の娘たちが働いていた。

私の住む岐阜を舞台にした山本茂実の『ああ野麦峠～ある製糸工女哀史』（1968年、朝日新聞社刊）というウソ小説がある。

飛騨の貧農の娘が製糸工場で酷使され、ふるさとを望む野麦峠で「ああ飛騨が見える」と呟き息絶えるという「女工哀史」なのだが、一時はベストセラーになったのではなかったか。

ところが、実際は逆なのだ。教育を受けた娘でなければ諏訪の製糸工場は雇ってくれない。この時代、女性できちんとした教育を受けられるのは良家の子女に限られていた。飛騨では「女工哀史」の演劇公演はできなかった。祖母は貧農でも文盲でもないと子孫たちが激怒してボイコットさ。諏訪？　長野県の町の名さ。実家が貧農でない少女たちの稼ぎで日本は軍艦を買ったのだ。

◉皇帝・エンペラー・カイゼル・王・天皇

F　明治時代に急速に義務教育が普及したのは、日本の奇跡のひとつだ。識字率ひとつとってみても、世界最高のレベルだった。残念ながらわがドイツも及ばなかった。

江戸時代でも、男の識字率は過半数だし、女性でも平仮名なら男に並んだ。この原因は何だろう。これを知ることは私の日本土産のつもりだよ。

ヨーロッパで一番古い国って、どこ？　デンマークかな……600年は経ているかな。ドイツ？　統一ドイツは1871年だろう。イギリスは500年あまりか。アメリカ合衆国はたったの200年だ。中国ほど誤解されている国はない。中国5000年の歴史というのは、言葉は悪いが一種の詐欺話だ。殷・周・秦・前漢・後漢（三国）・五胡十六国・隋・唐・宋・元・明・清・民国・中共と、今日の中共の建国は1949年だから、66年だ。君が詳しい『源氏物語』は、シェークスピアより500年前だ。『古事記』『日本書紀』は言うまでもないが、さらに古い。

それはなぜか。日本には革命の思想がないからだ。

中国では「皇帝」という。皇帝の「帝」は糸偏をつけると「締」という文字になる。つまり「締める」という語意だ。何を締めるかというと、王や臣下を「締める」という意味

だ。日本では「天皇」という。「皇」は北極星という意味だ。天の星は「皇」、北極星を中心に巡るのだ。なにも「締める」必要はない。皇后の「后」は土を意味する。

天皇を「エンペラー」というが、あれは間違いだ。世界で日本天皇だけがエンペラーと呼ばれているが、訂正を要すると私は考えている。もちろん、君はとっくに承知だろうが、統一ドイツ帝国の誕生に際して、ヴィルヘルム1世はビスマルクに嘆いたという。

「余はカイゼルごときに成り下がるのか……」

彼はプロイセンの王（ケーニッヒ・キング）だった。王とは、血族の長に由来する。カイゼルはカエサル（シーザー）に由来する。だからヴィルヘルム1世は、「余はナポレオンごときと同列になるのか」と嘆いたのだ。ロシアの皇帝ツァーのシーザー由来だ。

中国の革命は惨烈だ。異民族同士の殺し合いだから、敗けたら死か、喰われる運命しかない。五胡十六国の頃には原中国人は死滅している。現在の中国人を孔子たちの子孫と考えるのは間違いだ。近いところでは、元は蒙古族、清は満洲族の王朝だ。中国人の国ではない。

君には釈迦に説法だが、「漢字」というのは中国人にも朝鮮人にも、実用の文字ではなかった。行政文字だ。科挙《かきょ》というのは、その行政文字の作成・解読の試験だったのだ。日本人は勘違いして、漢文が中国人に通じると思っている。通じません。

文盲は普通のこと。漢文は読解・作文するだけ。発音し会話するのは56あるともいわれる地方語です。ペキン語は日本語を基本にした人工語だ。

日本では、方言の差はあったが、読み書きは生活には必要事だった。なにも教養とかの飾りではなかった。たとえば？　……大工で図面が読めず、計算ができないというのでは、「帰郷せよ」だよ。商人も百姓でも同じだ。

２６７５年の歴史では当然のことだ。

統一ドイツはたしかに１８７１年の誕生だが、ゲルマン民族の歴史とそれとは違うと言いたい。統一ドイツはゲルマン民族の歴史の一部にすぎない。ローマ帝国からはガリア（蛮地）と呼ばれたが、キリスト教もゲルマン民族に受容され、ヨーロッパに広がっていったんだ。


若　それは分かっている。クリスマスはゲルマン民族の習俗と合体したものだ。聖書を読むと、イエスの誕生は6月頃だよ。羊飼いたちがキャンプをしている。

ゲルマン民族の冬至がイブ、その翌日が元旦だ。

日本は月暦だったから、ひと月を28日としたが、太陽の運行と矛盾が生じる。この誤差を「閏《うるう》」として調整したが、日本でも冬至が大晦日《おおみそか》で、翌日が元旦だ。ゲルマン民族の風

俗と習合していったのがキリスト教だった。グリム童話集を私はドイツで必死に捜し集めた。なぜって？　……ゲルマンの古い物語が欲しかったのだよ。ドイツ法学の正統は歴史法学にある。伊藤博文たちはシュタインやグナイストの示唆により、大日本帝国憲法の基礎を日本の伝統に求めた。プロイセン憲法はまさにプロイセン王国のナチオ（血）の伝統に基づいていたのさ。だから、ヴィルヘルム1世が王（ケーニッヒ）からカイゼルに成り下がるのかと嘆いたのだな。

一転してワイマール・ドイツはこのドイツ帝国の弱点を突いて、ユダヤ法学の支配する「民主主義国」となった。

F　それは、どうした原理転換かな。土産に欲しいな（笑）。

◉FRBの設立とシフ・バルーク・ウォーバーグ人脈

若　それが貨幣の欺瞞だと、私は思う。
1913年、アメリカにFRBが結成された。1910年にJ・P・モルガンの主宰による全国通貨委員会が開かれ、忌避感の強かった中央銀行という名を避けて、連邦準備制度という名を選択した。この制度を作る法案（提案者の名からオルドリッチ法案といった）

は民主党から激しい反対を受けた。大統領選挙には、民主党はウッドロー・ウィルソンが立ち、共和党からは人気の高かったウィリアム・タフトが立候補した。タフトの勝利は確実と目されていたところ、奇妙なことが起こった。共和党から元大統領のセオドア・ルーズベルトが「革新党」を名乗り立候補したのだよ。票が割れて、ウィルソンが大統領に当選した。ウィルソンを支持した中心人物があの**ジェイコブ・シフ**⓫。タフトを支持していたのが、ウォーバーグ。ルーズベルト支持はオットー・カーン。

そして、彼らはみんな、**クーン・ローブ商会**⓬の共同経営者だ。

ウィルソン大統領の補佐官の代表的な人物の一人にハウス大佐がいる。軍人でもないのに大佐と呼ばれた。カラネル（大佐・連隊長）というのはアメリカ人に好まれる愛称・敬称だよな。実はハウス大佐はリンカーン暗殺の主犯格のトーマス・W・ハウスの甥だ。ジョン・ウィルクス・ブース？　……哀れな手先さ。リンカーン暗殺後すぐに消された。

ちなみにハウス大佐はトロツキー釈放（カナダ政府相手）の主役でもある。アメリカは200人余の共産主義者をロシアに送り込んだのさ。ロシア革命の資金の一部はクーン・ロ

⓫**ジェイコブ・シフ**　（1847〜1920）ドイツ生まれのアメリカの銀行家。「シフ」は独語で「船」の意。当時のユダヤ人は普通名詞を姓とされた。
⓬**クーン・ローブ商会**　その後リーマン・ブラザーズと合併し2008年破綻。

ーブ商会から出ている。言うまでもないが、日露戦争のときの日本の恩人さ。年間予算が当時2億3000万円の日本に、18億円を貸してくれたのがこの商会だ。ただ忘れてならないのは、ロシアにも彼らは貸していたという現実だ。「両建て」というやつさ。

ポーツマス講和条約の斡旋《あっせん》を引き受けてくれたルーズベルト大統領は、賠償金は取り合わなかった。ロシアが日本に賠償金を払ってしまうと、両建てが崩れるからさ。まだある。ロシア海軍が消滅した結果、太平洋には日本の連合艦隊に対抗するシーパワーが存在しなくなっていた。賠償金が艦隊増強に使われることをルーズベルトたちは嫌った。日清戦争のときの清国の賠償金が、日本艦隊の増強に役立ったことを彼らは分析していた。

結果として、日本は必死に造艦能力の獲得に努めた。

戦艦長門や陸奥は、掛け値なしに世界最強の戦艦だった。メイド・イン・ジャパンのな。アメリカの敵意は屈折した。日英同盟廃棄がルーズベルトたちの目標となっていった。第一次日英同盟（1905年）は攻守同盟と進化していた。

もう一人の補佐官も欠かすわけにはいかない。**バーナード・バルーク**⑬だ。ウィルソン、ハーディング、クーリッジ、フーバー、ルーズベルト、トルーマンと歴代5人の大統領の補佐官を務めた。

補佐官というか、実際には顧問のお目付け役というか……やはりご主人様だね（笑）。

F　いよいよFRBの登場か。何かインチキ臭い議会工作があったようだな。

若　まあ、焦らずに（笑）。お国のドイツの運命に関わる人物が続々と登場するよ。先に出たバルークは、ドイツに法外な賠償金を支払うように決めた賠償委員会の、その委員長という人物だ。

バーナード・バルーク

　次の人物に注意してほしい。

　ポール・ウォーバーグ。え？　ウォー・ベルグ？　……君はドイツ人だったな（ベルグの英語読みがバーグ）。そう、知る人ぞ知るフランクフルト出身の、俗に言うフランキスト・グループだ。フランクフルトのロスチャイルドの代理人として渡米した彼は、クーン・ローブ商会の創業者ソロモン・ローブの娘と結婚し、シフと同様にクーン・ローブ商会の共同経営者となるのだ。えっ？　ナチスのスポンサーのマックス・ウォーバーグとの関係？　……ポールの実兄だよ。兄はナチスの情報機関の責任あるポストにあり、資金の提供者でもあった。弟のフェリックス・ウォーバーグはレーニンを封印列車に乗せてロシ

ア革命に火を点けたドイツ国防軍の情報部長で、妻はシフの娘だよ。

さらに言えば、ポールの娘フェリシア・シフ・ウォーバーグは、ＦＤＲ（フランクリン・デラノ・ルーズベルト）の息子ルーズベルト・ジュニアと結婚している。

さて、ＦＲＢだ。

ウィルソン大統領はクリスマス休暇でほとんどの議員が帰省中の１９１３年12月22日にオーウェン・グラス法というＦＲＢの設立法を可決させ、署名した。

⑬**バーナード・バルーク**　（１８７０〜１９６５）18世紀からロスチャイルド家と深い関わりを持つユダヤ人指導者ファミリー出身。「影の大統領」と言われ、のべ5代の大統領顧問にして、チャーチルの親友。第一次世界大戦中に総力戦体制のための「戦時産業調整委員会」で独裁的権力をふるい、ウォール街で暴利を蓄積した「死の商人」の代表的存在。ウィルソンを大統領に就け、大戦後のベルサイユ講和会議ではドイツに法外な賠償金を吹っかけた張本人。敗戦後のドイツ戦車部隊をソビエトへ移動させてソ連軍と共同訓練させ、ロスチャイルドやダレス兄弟と組んでヒットラー政権が誕生する手助けもした。第二次世界大戦では、内閣レベルで全ての物流統制を行う強大な中央組織を創設・指揮、最初から日本への投下を計画した「マンハッタン計画」の指導者であり、京都への原爆投下を主張。京都を目標から外したのは、新婚旅行で京都を訪れたスティムソン戦争長官の感動が元だとも言われている。戦後は、国連原子力委員会を指導し、「冷戦」の名付け親ともなる。

◉サラエボ事件で第一次世界大戦を仕組んだハザール・黒手組

F　翌1914年に第一次世界大戦が勃発するよな。アメリカの戦費はFRBからか。FRBは無から膨大な利益を得るわけだ。

大戦勃発の発端は、オーストリア・ハンガリー帝国の皇太子夫妻がセルビアの民族主義者の青年に暗殺されたというサラエボ事件だが……？

そしてアメリカの参戦の切っ掛けはルシタニア号の撃沈事件だが、この事件のインチキは承知している。アメリカの掛け声は「リメンバー・ルシタニア」だった。

サラエボ事件がもうひとつ腑に落ちない。謀略の匂いがしてならない。オーストリア帝国がセルビアに宣戦布告したのは謀略だと「思えてならない」のだ。ドイツにはロシアと戦争をしなければならない理由はない。ロシアと英仏に挟まれた二正面作戦の愚に、なぜドイツは飛び込んでいったのかが解《げ》せない。

若　セルビアを支配していたのは共産主義者だった。1903年に青年将校たちはクーデターで国王・王妃・閣僚たちを殺して、セルビアを支配していた。民族主義者に化粧していたが、レーニンたちの支援を受けてのクーデターだったのさ。つまり、「黒手組」と呼ば

れた共産主義者だ。レーニンたちは汎スラブ主義を煽りまくった。ロシア帝国は汎スラブ主義の盟主だから、セルビアへの攻撃にはロシア帝国は反撃せざるをえない、との民族的熱気を作った。そこへ、皇太子夫妻の殺害だ。ロシア帝国内にもためらう世論はあったが、スラブの盟主としては宣戦を余儀なくされた。

ロシアが参戦すれば、ドイツに英仏は参戦しなければならない。何かわからないうちに、紛争は世界戦争になっていたのだ。ドイツや同盟国には大戦の意思はなかった。まんまとドイツや同盟国は嵌《はま》ったのだ。ドイツを狙った戦略戦だ。

◉ロシア革命という名のロシア資産の強制執行

F　ベルサイユ講和条約については、主観も交えて言えば、ベルサイユ講和条約とは苛酷以外のなにものでもなかった。賠償金は1320億マルクという（戦前の）ドイツのGNPの3倍近いものだった。主たる支払い先はモルガン商会だった。イギリスがモルガンから多額の借金をしていたからだ。賠償委員会なんて、米英の利益代理人にすぎなかった。

ドイツ帝国銀行（ライヒスバンク）は、国債と交換にマルクを激しく乱発した。1923年には年間で20億倍の超インフレになった。主婦が夕方の買い物に行くのに乳母車に札束を積んでジャガイモがやっと買えるようなハイパーインフレが、ドイツ人の生活を襲った。

ドイツ人の暮らしは破壊された。破壊された生活は、ヒットラー政権を生んだ。

1919年、ドイツにはナチス党、イタリアにはファシスト党が結成された。ナチスはハリマン、J・P・モルガン、ウォーバーグ兄弟などが資金援助者となる。

ヒットラーはユダヤ人ではないのかという趣旨の本を見るが、それは彼らの行動原理、つまり両建て戦略からの誤解ではないのか。ヒットラーは隠れユダヤ人ではないかという議論には、私は留保する。とにかくドイツ帝国銀行は超インフレで賠償金を吹き飛ばし、貸し元はロシアを強制執行で自己のものとしたのだ。

価値の無くなった札束を薪にするドイツ人女性

これがロシア革命の実態だ。共産主義？　国有化を共産主義というのなら、その意味では「共産主義」だろう。

レーニンは1919年に貨幣（紙幣）を廃止した。代わりに「労働証書」なるものを発行し、同一労働・同一賃金の共産主義の実践と宣言した。一方で、飢餓輸出を強行し（700万人ともいわれる餓死者を出した）、ロシア帝国の負債を返した。そして、国民は労働証

書なるキップを貰った。これは一種の地域通貨みたいなもので、これで鉱工業の建設なんてできるものではない。国有（共産党所有）の鉱山、工場、鉄道、農業の再建がキップでできるわけがない。失意のうちにレーニンは死んだ（1921年）。幽閉ののちスターリンによって暗殺されたという説すらある。このあとソ連国内では、トロツキーたちユダヤ人の追放が始まり、激烈な党内闘争の結果、スターリンの独裁体制が確立していった。

コミンテルンの結成は1919年。もともとは共産主義の青年運動の組織だったが、世界に共産党を結成する組織へと変貌した。

◉ルカーチの亡命とフランクフルト大学社会研究所

若　その通りだ、日本共産党の結成は1921（大正10）年だ。この年、上海でコミンテルンは日本人に毎月1万円の活動資金を約束している。当時の1万円は5000ドルだ。大学出の官吏の月給が40円くらいのときだ。

当座の資金として数千円（金額には諸説がある）を渡された人物は、下関で豪遊した。官憲に怪しまれて御用となり、結党大会は翌年に持ち越しとなった。だから日本共産党の正式結党は1922（大正11）年となっている。

ドイツ共産党は1919年だったかな？　スパルタクス団の蜂起が流産し、ローザ・ル

クセンブルクやカール・リープクネヒトたちが虐殺され、ヨーロッパ革命の夢が潰《つい》えてコミンテルンの結成となる。ドイツ共産党とナチスの結党は同じ年だ。ローザという共産主義者の思想とレーニンのそれとは、大きく違う。

ソビエトというのは自然発生的な「協議会・評議会」といった意味だが、ドイツ語ではレーテだったかな。

F そうだ。「すべての権力をレーテへ」が、ローザたちのスローガンだった。

若 レーニンはこれを「大衆の自然発生性への屈服」と批判し、職業的革命家からなる「前衛党」による権力奪取しかない、と革命勝利を総括した。

レーニンたちも「すべての権力をソビエトへ」をスローガンにしたが、ローザたちはこれを口先だけだと批判し、あくまでもプロレタリアートによる自己解放が共産主義と考えた。西ヨーロッパ流の共産主義だ。

流産していくヨーロッパの革命のなかで、ひとりハンガリーの革命だけは、一時的に勝利した。

この革命政府のなかで、ひとりの人物が文部大臣の地位に就いた。彼の名はルカーチ。

彼は、革命の敗北を「文化の力」によるものと考えた。文部大臣としては、家族観念の縛りから、子供個人の解放・自立を教育し、女性を縛る貞操観念を否定する教育行政を進めたのだ。

これ、どこかで聞かない？　そう、今の日本だよ。アメリカ、ドイツ、フランス、イギリス……どこでも例えば「ジェンダーフリー」「ウーマンリブ」等々として聞くが、根はここから発している。

ハンガリー革命も結局は敗北して、ルカーチはワイマール・ドイツに亡命した。そしてフランクフルト大学に「社会研究所」（俗に「マルクス研究所」ともいう）を創立した。

F　フランクフルト大学？　おお、わが母校よ。

若　マルクス研究所は、のちに「社会研究所」と変わるが、私がフランクフルトにいたときに、大学院生だった君に案内してもらって、研究所をながめながら、「ここが彼らの本拠か」と呟いたものだ。戦後の西ドイツも戦前のワイマール・ドイツとおなじように、ユダヤ人社会主義者に影響された。1930年代にアメリカに逃れたこの研究所は、1950年代はじめに帰国した**マックス・ホルクハイマー**⑭や**テオドア・アドルノ**⑮によって再建され

た。**H・マルクーゼ**⑯はアメリカに残った。

ルカーチの主著は『歴史と階級意識』だ。

彼は、革命は経済闘争や政治闘争からはもたらされない、と考えた。プロレタリアートは意識が疎外されているから、疎外を止揚（アオフ・ヘーベン）し、文化・言語の本来の力を回復しなければならない、と考えた。

のちに詳しく論じるけれど、フランクフルトシューレ（学派。シューレはスクールの意）と呼ばれる人々を思いつくままに挙げる。**ノイマン**⑰、ホルクハイマー、アドルノ、**ポロック**⑱、マルクーゼ、**キルヒハイマー**⑲、**レーベンタール**⑳たちだ。

現在、世界の危機の思想的根源は彼らの思想にある。だから君との対話（笑）の主たる話題はこの問題になるから、前段としてまずはＦＲＢの欺瞞を片づけておこう。

⑭**マックス・ホルクハイマー**　（１８９５〜１９７３）ユダヤ人。フランクフルト学派の総帥で、第二次世界大戦中アメリカに亡命。戦後はフランクフルト大学社会研究所所長・大学総長。伝統的な主観・主体／客観・客体の分割概念を覆し、主観・主体の活動によって客観・客体（社会環境）は歴史的・社会的に生成・変化されるとする『批判理論』を展開。また理性と科学の進歩が結果的にナチスとホロコーストを生んだとして非合理性が理性を超克するとした。まさに昨今の大衆文化としての「精神世界」誕生の土壌として機能する。
⑮**テオドア・アドルノ**　（１９０３〜69）ユダヤ人。ホルクハイマーと共にフランクフルト学

派の指導的哲学者。ナチスの勢力伸長に伴い、英〜米に亡命。戦後はホルクハイマーとともにフランクフルト大学社会研究所所長。音楽社会学者でもあり、音楽聴取の態度から大衆文化批判を行い大衆文化の概念を確立。ロックンロールなどの生みの親とされる。

⑯ヘルベルト・マルクーゼ　（1898〜1979）ベルリン生まれのユダヤ人。フライブルク大学でフッサールやハイデッガーの下、ヘーゲルやマルクスの研究。フランクフルト大学社会研究所に所属するが、ナチスを逃れてアメリカに帰化。ブランダイス大学からカリフォルニア大学教授。フロイトの深層心理学を独自に発展させた『エロス的文明』を著し、イド（本能）の快楽原則を、労働等の社会的な抑圧原則・疎外現象に対置、克服する手段として捉え、「遊び」によって労働を遊びへと昇華する人間の全体的存在を確立するエロス文明を提唱。こうしたラディカルな反体制思想が、アメリカや西ドイツの学生運動の理論的支柱となった。

⑰フランツ・レオポルド・ノイマン　（1900〜54）ドイツ帝国ポーランド領カトヴィッェ生まれのユダヤ人。ナチ政権樹立後、フランクフルト大学からロンドン・スクール・オブ・エコノミクス、米国コロンビア大学のフランクフルト大学社会研究所で上記同僚たちと活動。ドノバンが創設したＯＳＳ（戦後ＣＩＡに改組）ドイツ課で辣腕をふるい、1946年のニュルンベルク裁判に協力。1954年9月、スイスで自動車事故により死去したが、暗殺説も根強い。

⑱フレードリッヒ・ポロック　（1894〜1970）ユダヤ人。1924年、フェリックス・ワイルとともに資金を提供して社会研究所を設立。ホルクハイマーらとナチスを逃れてアメリカに亡命。戦後、フランクフルト大学に戻り、国家経済と社会学を教える。

⑲オットー・キルヒハイマー　（1905〜65）ナチスの法学理論を支えたカール・シュミットに師事したユダヤ人。ワイマール憲法の市場原理を認める私法が資本家を擁護している点を批判、カール・シュミットと袂を分かち、ナチス政権確立でアメリカに亡命。フランクフルト研究所の準研究員となる。大戦後もアメリカにとどまり、国務省調査部からコロンビア大学な

どの教授。

⓴レオ・レーヴェンタール（1900～93）フランクフルト生まれのユダヤ人。フランクフルト社会研究所の設立時からの文学・大衆文化の指導的研究者。ナチス政権樹立後アメリカに亡命、戦争情報局に勤務。戦後もアメリカにとどまり、Voice of America の調査部長、CIAのMKウルトラ・プロジェクトで有名なスタンフォード大学行動科学先端研究所などを経て、カリフォルニア大学バークレー校の社会学を指導。

【第2章】

世界支配の面妖なる仕組み

◉ＦＲＢの信用創造と大恐慌のマッチポンプ

Ｆ　日本の歴史の門外漢にすぎない私には、問題にどこから切り込んでいいのか見当がつかない。経済学博士に切り口を説明していただきたい（笑）。

若　経歴詐称はよくないな。私の学位は教育学博士だ（笑）。学部は法学部。

　１９２９（昭和４）年、ウォール街の大暴落を口火に世界恐慌が始まった。原因は銀行が信用創造を膨張させたことにある。指示したのはＦＲＢだ。

　信用創造？　例えば、１００万ドルの預金を保有している銀行が、２０００万ドルの資金を貸し出すとする。そんなことが可能かって？　可能なのさ。預金者は引き出しにくる

のは一部だから、経験的にいくらの現金を店においておけばよいかは、分かっている。預金者の引き出しにはせいぜい10万ドルを準備しておけばよい、となれば、1900万ドルは自由に貸せる。しかも決済は自分の店でやらせるとなれば、1ドルも現金を貸さずに500万ドルでも2000万ドルでも貸せる。借り手は利子を付けて現金で返済する。信用創造なんて言ってるが、まあ、一歩間違えると詐欺となる。FRBが銀行に命じて膨らませたわけだ。

担保は主として株券とした。結果として、株式の値段は上がり、バブルが発生した。株価がピークになったと思われる頃に、FRBは信用創造を厳しく規制した。つまり、金融引き締めだよな。担保の株価は暴落し、パニックになった。

その結果、1万6000もの銀行が倒産し、モルガンとロックフェラーに吸収されていった。暴落して紙屑同然になった株券も買い占められ、借り手だった企業や農家はロックフェラーやモルガンに独占されていった。今のアメリカで、独立の農家はどのくらい生存していることやら。

1931（昭和6）年には、さらにひどいことが行われた。

この頃の日本では、「大学は出たけれど」という映画や、「酒は涙か、ため息か」という歌が流行《はや》った。世界貿易は、窒息した。日本は大不況のなかでのたうちまわった。満洲事

変の勃発はこの年だよ。不況の日本が満洲を侵略したとハナシはなるのだが、このハナシは詐話だ。「事実は小説より奇なり」という諺《ことわざ》が日本にはあるが、知ってる？　えっ？　ドイツでは「事実は最高の不思議」と言うのか。

この年、「景気回復のために」という麗《うるわ》しい目的のもとに、アメリカ国民はすべて、金貨や金塊を売らねばならなくなった。罰則は懲役10年だ。つまりアメリカ国民はＦＲＢの印刷する紙切れと引き換えに金貨や金塊を巻き上げられたのだ。８年後の１９３９（昭和14）年、ついに紙幣と金《きん》との兌換《だかん》が全面禁止となった。

１９１３年のＦＲＢの創立以来、現在まで、さまざまな経緯のなかで、ドルの購買力は１０００％のインフレの結果、この１００年間で当時の10％の価値しか持たなくなった。アメリカ国民だけの話にしても、１００年間で90％も貧乏になったのさ。逆に言えば、アメリカ国民はこの１００年間に10倍は豊かになっていなければならなかった。

マルクスの『資本論』はブルショアジーがプロレタリアートを搾取して、窮乏したプロレタリアートが革命に立ち上がる、というストーリーだが、人類はマルクスの大嘘に騙《だま》されたまま来た。『資本論』というのは、こうした搾取を叙述したものだ。資本家のプロレタリアートへの搾取を叙述したかのような逆説を笑いながら書いたのさ。

プロレタリアが１日に生産する「価値」は搾取されているというのだが、馬鹿げた「理

論」だ。人間の働きの成果は、日々の消費を上まわる。当たり前だ。だから人類は豊かになった。上まわる分をブルショアジーが搾取するから、プロレタリアートは窮乏化するというのは、マルクス特有の逆説なのだ。『資本論』の悪魔性を暴いた理論を、私は不勉強にして知らない。全3巻だとされているが、あとの2巻は遺稿をエングルスが繕《つくろ》ったものにすぎない。

F いやはや、参ったな（笑）。『資本論』がFRBの指南書だったとは、地下のマルクスも驚いているのでは……。

若 そうではないさ。マルクスというのは、ブルショアジーの「味方」だよ。

インターナショナリズムは国民的《ナショナル》なものを否定し破壊する。良き国民国家こそが、「ブルショアジー」の真の敵だ。プロレタリアートは虚構にすぎない。マルクスはブルショアジー擁護の理論を建てた。

『資本論』は資本家を守るための本だよ。皆が錯覚しているだけだ。ブルショアジーなるものが最も恐れるのが国民であり、国民的な諸価値だよ。つまり、国民的《ナショナル》価値の確立した国家だ。そして国民が幸せになれるのも国民国家なのだ。「プロレタリアは団結せよ」とい

った共産党宣言の結句をマルクスは笑いをかみ殺しながら書き綴った。今の世界を見ろよ、家族が解体してしまったから、老人や子供が真っ先に不幸になっている。

女性解放を叫んで、「解放」されたはずの女性が「母性」の喪失に悩んでいる。国民を否定して「個人」を尊重したら、孤人の大群に学校は占領され、教師たちは教育ができずにすくんでいる。学校の多くが偽善の巣になっている。

グローバリズムというのが称揚されて、関税障壁の撤廃の掛け声のもとで、大店舗法が制定・改正された。そして、地方の街はシャッター通りと化した。

インターナショナリズムやグローバリズムは国民国家を殺し、不敗のブルショアジー帝国の建設の経典、それが『資本論』だよ。これが分かれば、『資本論』は分かりやすい本だ。

F　日本は『資本論』研究の盛んな国と聞いている。レベルも高いとも聞いてきた。君の説は異端の説か、それとも通説か。

若　ご想像にまかせるよ（笑）。

しかし年間の自殺者がこの10年間ずっと、3万人を超えるという事態は国民国家・日本の解体の結果だ。私の住む市は人口9万人だ。3年たてば消えてしまう数字だ。

1929年に戻ろう。この年にデ・ビアスによって中央販売機構（CSO：Central Selling Organization）が設立され、通貨量増加のためとして、ダイヤモンドなどの買い上げが強行された。いまでは、世界のダイヤモンドの大半はロスチャイルド家の手中にある。

1930年、国際決済銀行（BIS：Bank of Internationa Settlement）が誕生した。「中央銀行の中央銀行」という触れ込みで設立された。

日本人は今の銀行の貸し渋り・貸し剥がしの原因として、**BIS「8%規制」**㉑という言葉はよく知っている。バブル経済最高潮のときに突然、自己資本率を8%にせよと言われて、信用創造を縮小させられたのさ。

たくさんの企業が倒産した。銀行の吸収・合併も進んだ。

BISというのは、第一次世界大戦後のドイツに対して苛酷な賠償を課した賠償委員会が母体だ。そして、FRBや日本銀行などの中央銀行の上部機関というわけだ。

㉑**BIS「8%規制」**　国際取引を行う銀行は1年以内に自己資本率を3%から8%にするようにとのBIS（国際決済銀行）による通達。当時、世界の銀行ベスト12を独占していた日本の銀行は自己資本率が低いため、1年以内の資本金積み増しか融資の回収を迫れた結果、「貸し剥がし」（融資の回収）が起きて1990年、バブル経済が崩壊した。FRBによる大恐慌誘発と同様の手口だった。

各国のそれぞれの業種の成長力を左右するのは、銀行の信用創造量だ。この産業を成長させたいと思っても、そこにお金が投資されなければ、成長はない。

いま独占下にある石油や原子力を脅かす新エネルギーにはなかなか投資ができないのだよ。研究・開発も資金を左右することによって、流れを支配できるのだ。

スパコンの研究費の「仕分け」で「2位であっては駄目なの？」と妄言を吐いた政治家（女性）がいたが、これはある種の謀略だとも言える。

現在の日本のデフレの根は、信用創造の縮小だ。貸し渋りだ。

もう一つは、経済思想の間違いだ。グローバリズムの正体が分かっていない。インターナショナリズムも分かっていない。

日本は世界最大の債権国家だということも分かっていない。そして、国債発行高がGDPの2倍を超えたと騒ぎ、世界一の借金国家だと自己誤解している。日本国債の95％は日本人が保有している。何をうろたえているのだろう。

デフレのただなかで消費税率を上げるとい

スイス・バーゼルのBIS（国際決済銀行）

うのは正気の沙汰だ。肺炎患者を水風呂に入れるようなものだ。

今の日本に必要なのは、総需要の拡大だ。30年間の高度成長の牽引は公共事業を柱にしていた。高速道路や新幹線さ。

現在、点検やメンテナンスを要する橋は少なくとも4万、トンネルは6万を超えている。コンクリートから人へ、などと民主党政権は言っていたが、大変な間違いだった。

高速道路の無料化など、犯罪的だよ。なぜって？　……メンテナンス費用はどうするのだ？　道路を利用しない国民の税金を使うしかない。うちの3人の孫（幼児）も負担するわけだ。バラマキ増税だ。

高校の授業料の無料化というのも愚民視から来ている。財源なんか、あるものか。親が働いて自分を高校に進ませてくれている、という親の恩義への感情は家族のモラルを支えている。無料化なら小遣いを増やせとなるくらいが、オチだ。学校も家庭もかならず荒れる。これ、元高校教師の直感ね。子ども手当も多くは退蔵されるだろう。消費拡大が目的なら、地域振興券のようなものにして地元の振興に使う工夫が要る。

お金を自治体に渡す。受け取った自治体は「券」にして市民に渡す。半年とか1年とかの期限付きだ。退蔵を防ぐ工夫が要る。デフレは退蔵が持病だ。

◉ヒットラー・ドイツの躍進を支援したソ連とイギリス
――虚構のアウシュビッツと南京大虐殺

F　1933（昭和8）年、ドイツではナチスが政権を握り、ヒットラーが首相になり、やがて総統となる。この同じ年に、FDR（フランクリン・デラノ・ルーズベルト）が米大統領に選出された。

ルーズベルトはニューディール政策を実施した。これはケインズ政策であって、財政出動で有効需要を創出させようというものだが、最初は国内的な施政にすぎなかった。

- テネシー渓谷開発公社などによる公共事業（TVA）
- 農業調整法による農業保護
- 労働時間の短縮や最低賃金の保障
- 民間資源保存公団による大規模雇用

ニューディールはケインズ政策であることには違いないが、評価となると説が分かれる。なぜなら、不景気に喘《あえ》いでいたアメリカは大戦の勃発にともない、軍事需要（特需）で景

気が回復したからだ。

1939（昭和14）年、第二次世界大戦勃発。この年、ナチス・ドイツはソ連と不可侵条約を締結した。翌年には独ソ通商協定を結び、「呪うべき共産主義」と攻撃してきたソ連と手を組んで、石油・貴金属・金塊・穀物の供給を受けている。

金塊・貴金属について少し説明したい。

ワイマール・ドイツの時代のレンテン・インフレで、ドイツのマルクは兌換力《だかんりょく》がなかったのだ。一方のソ連はロマノフ王朝や貴族・地主階級から「国有化」したこれらの物を多く保有していた。これらの金塊などの信用によって、マルクは安定した。補足すれば、これら独ソの接近には日本の影がある。**ノモンハン事件㉒**さ。

日本軍は惨敗したとソ連は宣伝したが、実際にはソ連軍の大敗北だった。事実を隠すこ

㉒ノモンハン事件　（1939＝昭和14年5月〜9月）満洲国とソ連の傀儡・モンゴルの国境紛争。歩兵主体で旧式装備の日本軍がソ連の近代的機械化部隊に完膚なきまで叩きのめされ1万7千人もの犠牲を出して敗退した戦争、というソ連の宣伝工作が流布していたが、ソ連崩壊後に明らかにされた内部文書では、ソ連軍30万対日本軍3万規模に対して、ソ連の損害は2万5565名、日本の損害は1万7405名、ソ連戦車の損害は800輌、日本戦車の損害は29輌、ソ連飛行機の損害1673機、日本飛行機の損害179機と、実際には日本軍が大勝していたことが明らかになった。

とにソ連は成功した。日本政府は**統帥権**㉓から疎外されていたから、事実も知らず、独ソ不可侵条約に驚き、「欧州の天地は……複雑怪奇」と**平沼内閣**㉔は総辞職している。「複雑怪奇」は事実だった。ドイツは石油をソ連のバクー油田から得ていたが、その石油はロスチャイルド・ノーベル財閥の石油会社シェル（英国籍）から買っていたのだ。

君がさっき話したグローバリズムとはこういうことだ。

ヒットラーはユダヤ人絶滅命令など、一回として出してはいない。いまでもこの種の問題はタブーに近いのだ。ナチスがユダヤ人を迫害したのは確かに事実だ。だがユダヤ人600万人が殺されたというのは明らかに誇張だ。ただドイツ人の私が、これをドイツ国内で発言するのは大冒険だ。たいした社会的地位ではないが、社会的には抹殺される。戦前のユダヤ人の人口は1600万人、戦後は1470万人だ。ソ連内で100万人のユダヤ人が「減って」いるから、ドイツ国内での迫害死は最大で30万人だと各種の調査は示しているはずだ。だが、これを語るのはタブーだ。

ホロコーストというのは「ユダヤ人の大虐殺」と理解されているが、本来は「神に捧げ

㉓**統帥権**　大日本帝国憲法下で軍隊を指揮監督する最高指揮権、天皇専権の大権のひとつ。
㉔**平沼内閣**　（1339＝昭和14年1月5日～8月30日）第一次近衛内閣の崩壊を受けて枢密院議長の平沼騏一郎が組閣した内閣。

る犠牲」という意味だ。

イスラエル建国に捧げられた「神への犠牲」と、私は密かに信じている。ホロコーストはドイツ人に科せられた「原罪」なんだ。アウシュビッツ収容所の「殺人能力」はどのくらいだっただろう。「南京大虐殺」だって、30万人殺したという日本軍は、1日に1000人殺しても、1カ月で3万人だよ。30万人なら、10カ月間殺し続けなければならない。

失礼ながら南京の日本軍にそれだけの殺傷能力があったのか、私には疑問だ。

もちろん私は上海の蒋介石軍の主力を訓練し、指揮したのがドイツ将校団だったことを知っている。10万人の民間の日本人を守るのは、わずか5、6千人の水兵（海軍陸戦隊）だった。それを全滅させようとした蒋介石軍は30万人だった。

救援に駆けつけた日本軍は、ドイツ将校が錬成した支那軍と激戦になった。日本軍はすごいよ。

民国の首都・南京の攻略に成功した1937（昭和12）年8月から12月までの戦闘で日本軍も7万人の犠牲を払っている。支那軍の30万人は、戦死者もふくめて離散・壊滅していた。「南京大虐殺」とはこうした背景での毒の強い詐欺話だ。

ホロコーストも本質的には同じさ。ナチス・ドイツも日本も、敗戦国民としてモラル的に背骨を折る必要があった。無差別爆撃によるドイツや日本の焼け野原や原爆の犠牲者は、

自業自得だと宣伝する必要が連合国にはあった。

ドイツの戦備を整えるために、密かにイギリスはドイツに協力した。石油を売るなんてのは序の口さ。ソ連との間の**ラッパロ条約㉕**に素知らぬ顔をしていた。ドイツ空軍の建設、機甲部隊の建設は、この協定によりソ連国内で進められた。

◉マンハッタン計画（原爆開発）とブレトンウッズ会議を仕切った男たち

だが、ヒットラーの腹の内は共産主義ソ連の打倒だった。そして、スターリンの腹は打倒ナチスだった。両者の腹の中を精確に読んでいたのは、イギリス諜報機関だった。

1939年に原爆開発の「マンハッタン計画」がスタートした。ウランは、カナダ、コンゴ、アメリカのコロラドの鉱山から採掘されたが、これらはロスチャイルド家の支配下にあった。

マンハッタン計画の統括責任者はハンブローズ銀行のハンブローズだ。彼はロスチャイルド家の一員だ。彼の仲間のゴールドシュミットはのちの国際原子力機

㉕ラッパロ条約　1922年にワイマール・ドイツとソ連の間に締結された国交正常化・経済条約。ベルサイユ条約に違反する独ソの秘密軍事協定を含む。

関（ＩＡＥＡ）の創立者となる。彼の妻の名はナオミ・ロスチャイルドだ。

若　日本・ドイツ・イタリアの三国同盟や開戦に至る経過は、別の日に語ろう。

ここでは先の話を続けよう。

１９４４（昭和19）年10月、まだ戦争は終わっていない時だが、戦後の国際通貨体制についての会議、ブレトン・ウッズ会議が開かれた。英国代表はあの**ジョン・メイナード・ケインズ**㉖、アメリカ代表があの**ハリー・デクスター・ホワイト**㉗だ。日本人には、忘れるこ

㉖**ジョン・メイナード・ケインズ**（１８８３〜１９４６）イギリスの経済学者、官僚、貴族。市場メカニズムに任せた場合の不況の原因は、消費と投資からなる有効需要の不足にあり、公共投資が有効需要を創出し景気を回復させるというケインズ経済学を確立。大恐慌からの回復を企図した米国フランクリン・ルーズベルト大統領のニューディール政策の強力な理論的支柱となった。

㉗**ハリー・デクスター・ホワイト**（１８９２〜１９４８）リトアニア移民の両親のもとに生まれたユダヤ人。モーゲンソー財務長官の下で財務次官補を務める。ハル・ノートの執筆者。ブレトン・ウッズ会議ではケインズの国際通貨創設とホワイトのドル基軸通貨制が討議されホワイト案が採用された。「モーゲンソー・プラン」の原著者でもある。モーゲンソーらと謀って米ドル印刷システムをソ連に送り、印刷された偽ドルでアメリカのメディア企業を買収、米メディアの左傾化を推進。レッド・パージの下院非米活動委員会で喚問の３日後に死亡。暗殺説が有力。ソ連情報部の協力者であったことがヴェノナ文書（後述）で確認されている。

とのできない名だ。なぜ？　日本に開戦を決意させたハル・ノートの執筆者だからさ。会議の議長はアメリカ財務長官の**ヘンリー・モーゲンソー**㉘だ。日独に苛酷な賠償を課すしたモーゲンソー・プランの策定者だ。両親はともにロスチャイルド家の一族だ。

このブレトン・ウッズ会議で、ドルが世界の基軸通貨と決められた。決定的に重要なことを確認しておきたい。シニョリッジといわれる通貨発行差益のことだ。

たとえば金1グラムが100ドルのときに、額面500ドルのドル（紙幣）を発行したとする。差益の400ドルは黙って儲けだよな。笑いが止まらないのが基軸通貨だ。

ブレトン・ウッズ会議で、国際通貨基金（ＩＭＦ）と世界銀行も創設された。これと世界貿易機構（ＷＴＯ）とがグローバリゼーションを推進する機関であり、世界を支配する機関でもある。途上国は一次産品しか売る物がないので、過当競争の結果、産品の価格暴落にさらされる。だから、ＩＭＦや世界銀行から借金をしなければならない。借金の際に、「構造調整プログラム」という条件を呑まされる。いろいろあるのだが、次は例だ。

ケインズ（右）とハリー・デクスター・ホワイト

・教育、医療、福祉などは切り詰め、借金を返済する。
・増税して、借金を返す。
・外貨の稼げる換金作物を作り、（国民は飢えても）借金を返す。
・輸出を増やすために通貨を切り下げ、黒字を増やし返済に充てる。
・通貨を切り下げると、例えば、10分の1に切り下げたら、借金は10倍になる。

途上国の未来は、地獄だよ。仕組みは国際金融にある。

先祖伝来の農地を取り上げられた住民は抵抗するが、彼らは「テロリスト」となり、殺される。

君は「資本の論理」という言葉を使うよな。その意味は「カネのない奴は死ね」ということだ。マルクスはこのような世界を資本主義と糾弾し、プロレタリアートが資本主義を

㉘**ヘンリー・モーゲンソー**　（1891〜1967）ウォール街のユダヤ人実力者。ケインズ理論と対立する古典派経済学者でルーズベルト政権の財務長官。戦後のドイツを農業国にしてソ連の共産主義に呑み込まれるよう画策した「モーゲンソー・プラン」を立案。ブレトン・ウッズ会議で世界銀行やＩＭＦの設立を主導。

止揚すると書いた。プロレタリアートがブルジョアジーを圧倒すると予言したが、実は資本がプロレタリアートを完全に支配するということだ。世界の真の支配者は笑っている。真剣にマルクスという狂気の天才の言説に向き合わない学者などが、日本には多すぎる。

マルクスとは何者だ？

中華人民共和国とは何なのだ？　あの国でプロレタリアートは解放されているのか？中国経済の破綻が、どういう形で来るのかは分からない。恐らくは、「人民元」の暴落から始まるのではないか。

理由？　それは、「元」のウソにつきる。日本の「円」には実力と技術に支えられた実体の背景がある。人民元？　実体は虚だろう。

それは、本質的に中国人には、誠実・愛国心がないからだ。中国人民が本当に中国共産党に忠誠心を持っているだろうか？　建国60年の中華人民共和国なんて、支那人には忠誠の対象でもなんでもない。えっ、「?」だって？

中国の歴史は、他人を裏切る革命の歴史だった。既に話したよな。

徳が失われた前の王朝に替わり、有徳の王が皇帝となり次の王朝を嗣ぐという易姓《えきせい》革命の思想は騙《だま》しの歴史だよ。

その証拠にもならないが、蔣介石の政府が毛沢東の政府の政権に敗けたとでも言うのか

なあ？　私は蒋介石の政府は腐敗していたと思うが、腐敗に突け込み、もっと腐敗していた欺瞞勢力が権力を奪取した。そう、それが毛沢東たちだ。

毛沢東の政権奪取にはコミンテルンなど複雑な絡みがあるが、中華人民共和国には〝人民〟しかいない。国民のエトス、性格・特質・気風・習俗はない。中華人民共和国の父はアメリカだ。そして母はスターリンだ。

中国人には愛国心がない……という問題だ。あるのは同族・家族・幇《ぱん》への忠誠だ。これは永年の中国の歴史がもたらした結果で、いまの中国人の責任ではない。そもそも民族入れ替わりの革命の国なのさ。支那大陸に「中国」への愛国心は育つことはなかった。

これは中国だけではない。ヨーロッパもそうだ。中国でもヨーロッパでも、戦争といえば、それは国民同士の戦いだった。国民同士の殺し合いだ。

敗けたら殺され、喰われる。人肉食（カニバリズム）は洋の東西を問わず、普通だった。日本の歴史にはカニバリズムはない。米作のおかげだ。小麦に比べて、米は5倍の人口を養える。ドイツ人の実際の〝主食〟はジャガイモだ。イギリスも同じだ。ライスは添え物だ。パンをキリスト教徒はイエスの肉に譬《たと》えて食べ、ブドウ酒をイエスの血になぞらえて飲み、祈る。日本人には発生しなかった儀礼だと思う。

中国の戦争は実際には異民族間の殺し合いだった。敗けたら喰われるのだ。ヨーロッパ

でも同じだった。戦争とは国民の30%がお互いに殺し合い、喰い合いする凄まじいものだった。

ウエストファリア条約㉙はこのような悲惨な背景をもっている。宗教の違いで殺し合いはやめようと、ようやく約束した。

聖人・孔子も人肉を食べていた。『論語』子路《しろ》編にさりげなく出ているよ。愛弟子《まなでし》の子路が敵に殺され、塩漬け（醤《ひしお》）にされて喰われたと聞いた孔子は、自宅の醤を全部捨てさせたという美談として書かれている。

日本人同士の戦闘で最大の死者を出したのが1600年の関ケ原の合戦。死者4000人だったとされている。敵味方とも東西2箇所に分けて埋葬され、盛大な葬儀が行われている。今でも線香の煙が絶えない。

日本の別名に大和という言葉がある。大和と書いて「やまと」と読むのは無茶だ。しか

㉙**ウエストファリア条約**　上記はラテン語であり、英語読みはヴェストファーレン条約。ユグノー戦争の後、30年続いたカトリックとプロテスタントの戦い、そして実質的には君主国家間の領土争いを終了させるべく、1645年に欧州66カ国間で締結された内政には干渉しないという国際法のさきがけ。30年戦争の結果、ハプスブルグ家は大きく後退し、神聖ローマ帝国も事実上崩壊。オランダとスイスが独立。

し「和を以て貴しとなす」という十七条憲法以来、国民同士が殺し合うという文化はない。先の4000人は武士という職業軍人だった。地域の農民たちは弁当を持って山の上から戦闘を見物していた（笑）。

さて脱線を直そう。

F　原爆と「国連」について私に言わせてほしい。

原爆を日本に投下することは、ルーズベルトとチャーチルが、ハイドパーク協定（1944年9月18日）で決めている。ちなみにチャーチルはユダヤのマルボロ公爵家の出で、終生、ロスチャイルド家とは親交が深かった。国連本部ビルの敷地はジョン・D・ロックフェラー2世が寄贈したものだ。

国連憲章を起草したアルジャー・ヒスは、あのハル・ノートのホワイトとともに、コミンテルンのスパイであることが明らかになっている。ヤルタ会談のルーズベルトの首席随員が彼であった。ルーズベルトはコミンテルンの切れ者を主席随員にしていたのさ。

米議会公聴会で証言するアルジャー・ヒス

チャーチルはヤルタ会談の後のルーズベルトの憔悴ぶりに驚く。そして彼は4月2日に死ぬ。今日ではルーズベルトの死因について考究しようというアメリカの学者はいないようだ。避けているのさ。「死因」は「脳出血・諸臓器機能不全症候群」というらしいが、奇妙なのは米内光政の死因と同じなのだ。ルーズベルトの死については「消された」という説が絶えないが、奇妙なことに米内光政についても、同種の噂が絶えない。

ソ連のエージェントに「ミーシャ」という暗号名の日本の大物がいたらしい。米内にはロシア女性との間に「ミーシャ」という愛嬢がいたことは事実だ。

【第3章】

敗戦国の破壊

◉GHQの愚民化政策とゆとり教育

F　君の著書3部作のうち第2巻以降は戦後を扱っている。だからドイツ人の私から見た敗戦国への扱いについて話したい。

アメリカの日本解体政策は、単なる復讐と考えてはならない。1942（昭和17）年の時点から、綿密に練り上げた「日本計画」に基づいて処置が進められた。火を噴く日米戦争は3年8カ月で終結したが、追撃戦はさらに7年間続いた。この7年間の追撃戦で、日本は本当の敗北を喫したのだ。追撃戦の補助作戦は、「3S」と呼ばれている。スポーツ（Sports）、セックス（Sex）、スクリーン（Screen）。

要するに、愚民化政策だ。日本人はこれに見事に嵌《はま》った。

「青い山脈」という映画（DVD）を君から観せられて、「敗戦万歳！」という日本人の声が聞こえたね。「日本計画」の実務責任者はGHQの民政局次長のケーディスだが、彼の先生が**ウィルソンの14カ条**㉚を作成した**ブランダイス**㉛だ。ルーズベルトもケーディス、ブランダイスも、そして民政局の幹部もほとんどがユダヤ人だった。

ユダヤ人の敵への支配は金融とメディア支配、そして学問・科学研究の支配によることを強調しておきたい。

では、まずはメディア支配から見ていこう。

1945（昭和20）年9月21日、「日本新聞遵則《じゅんそく》（プレス・コード）」、「日本放送遵則（ラジオ・コード）」が令達された。あわせて「日本出版法」も令達された。一部を抜く。

㉚**ウィルソンの14カ条**　第一次世界大戦末期の1918年、米ウィルソン大統領が発表した平和原則で、この提案によりドイツの降伏を引き出し、翌19年のパリ講和会議で採択、国際連盟が設立された。秘密外交の廃止・海洋の自由・経済障壁の撤廃・軍備縮小や、欧州国境問題の調整、植民地の公正解決（民族自決の一部承認）、国際平和機構の設立など、14項目からなる。

㉛**ルイス・ブランダイス**　（1856～1941）チェコから米国ケンタッキー州に移住したユダヤ教徒の両親の元に生まれる。ハーバード大学ロースクール教授、合衆国最高裁判所判事。ニューディール政策の立法を合憲とし、ブランダイス・ルール（憲法判断回避の準則）の判決を下す。シオニストとしてイスラエルの地にユダヤ教徒国家の再建運動を支持。

第3条　連合国に関し虚偽的又は破壊的批評を加えるべからず。
第4条　連合国進駐軍に関し破壊的批評をなし、または軍に対し不信または憤激を招来するがごとき記事は一切をこれ掲載するべからず。

こんな調子で10カ条ある。これらは、私の大学の資料から英文とともに手に入れた。ドイツでも全く同じようなコードが令達された。

若　私はドイツのことを詳しく知らないが、日本の場合を次に述べる。「削除または掲載発行禁止の対象」として30項目からなる検閲指針が令達された。

（1）SCAP《スキャップ》（連合国最高司令官総司令部）に対する批判
（2）極東軍事裁判批判
（3）SCAPが憲法を起草したことに対する批判
（4）検閲制度への言及
（5）合衆国への批判

(6) ロシアに対する批判
(7) 英国に対する批判
(8) 朝鮮人に対する批判
(9) 中国に対する批判
(10) 他の連合国に対する批判
(11) 連合国一般に対する批判
(12) 満洲における日本人取り扱いに対する批判
(13) 連合国の戦前の政策に対する批判
(14) 第三次世界大戦への言及
(15) ソ連対西側諸国の「冷戦」に関する言及
(16) 戦争擁護の宣伝
(17) 神国日本の宣伝
(18) 軍国主義の宣伝
(19) ナショナリズムの宣伝
(20) 大東亜共栄圏の宣伝
(21) その他の宣伝

(22)戦争犯罪人の正当化
(23)占領軍兵士と日本女性との交渉
(24)闇市の状況
(25)占領軍軍隊に対する批判
(26)飢餓の誇張
(27)暴力と不穏の行動の扇動
(28)虚偽の報道
(29)SCAPまたは地方軍政部に対する不適切な言及
(30)解禁されていない報道の公表

1945年9月29日、総司令部参謀第2部民間検閲支隊内に新聞映画放送検閲部(PPB)が新設され、新聞はもとよりあらゆる印刷物、通信、ラジオ放送、映画、娯楽も先の30項目により検閲を受けることになった。これが7年間続けられた。

戦前の日本の検閲は、書籍の場合は、伏せ字といって「×」にされた。3字がダメなら「×××」となった。だから読む側は3文字の×を必死に解読したものである。

だが、SCAPの検閲はそうした日本的な微温的なものではなかった。主要新聞は事前

検閲だから、不許可の部分は検閲の跡を残さず書き直しである。時間内に首尾よく合格しないと、発行は不可能となった。乏しい用紙事情も検閲に迫力を付した。映画の場合も同じである。不合格なら、まるまる全巻がパーである。

これはまさに日本人の脳味噌を鷲掴《わしづか》みに攪拌《かくはん》する追撃戦であった。

これらの結果、マスコミ・メディアは日本国への忠誠心から〝解放〟され、進んで相手の意を迎える反日本の体質がビルト・インされた。

これに拍車を掛けたのが**ウォー・ギルト・インフォメーション・プログラム**㉜の実施だった。実行の主体は民間情報教育局（CIE）である。彼らは、日本の学生の知的レベルの高さを嫌悪し、とくに数学のレベルの高さを憎んだ。3学年程度のレベルの切り下げをねらい、学制改革に乗り出した。旧制中学校4年生は新制高校1年生となった。2番目の愚兄はちょうどこの学年にあたり、既習部分の繰り返しに飽きて、ラグビーに熱を入れていた。私が高校生になると、教科書をのぞき込み、「程度が落ちたものだ」と嘆いていた。それでも私たちは、中学校で三角関数は学習した。微分積分は高校2年生の1学期にはす

㉜**WGIP（War Guilt Information Program）**　GHQの日本占領管理政策の一環として行われた、大東亜戦争における罪悪感を日本人の心に植えつけるための宣伝計画。

ませた。3年生の1学期には、主要5教科の教科書は終えていた。

夏休みと秋以降は受験準備だった。

私が教師になって知ったことだが、程度切り下げの第一段階が私たちだったのだ。私が定年退職した年（平成15＝2003年）には「ゆとり教育」の総仕上げに入っていた。

つらつら想起するに、ゆとり教育の旗手で「ミスター文部省」と謳われた寺脇研《てらわきけん》なる人物は、CIE路線をひた走り、文部官僚のトップに立つに至ったフランクフルト流マルキストだったわけだ。民主党政権の中枢にいた官房長官などは、東大全共闘の指導部にいたが、彼のセクトは典型的なフランクフルト・マルキストの集団だった。フランクフルト流の日本乗っ取りの尖兵なのだ。

脱線を修復しよう（笑）。

◉GHQの洗脳政策を支えた日本人の一群

F　そのウォー・ギルト……（WGIP）の具体的な内容を知りたいな。

若　まずは大東亜戦争という言葉が禁止された。太平洋戦争という言葉が強制されたのさ。なぜなら、大東亜戦争という言葉には、日本の戦いの正義が込められているからだ。大東

亜（東アジア）の解放、という日本の正義が破壊されたということだ。

スミス企画課長が書く「太平洋戦争史」が日本の全国紙に連載された。連載開始は１９４５年12月８日、真珠湾攻撃５周年の日だ。そして、南京とマニラでの日本軍の残虐行為を強調したのさ。この「太平洋戦争史」はＮＨＫラジオで10週連続のドラマ「眞相はかう《こ》だ」として放送された。中国侵略と「南京大虐殺」の話は日本人に強い衝撃を与えた。この放送は番組名を変えながら３年間続けられた。

この年の12月31日には修身、国史、地理の授業の即時中止を命じ、翌年４月からは「太平洋戦争史」を使用するように指令した。

F　日本人の占領政策協力者について説明してよ。こんなときは、どこの国でも敵に尻尾を振る人間がいて、それで戦勝国は追撃戦にも勝利できる。日本人にしてＧＨＱの味方になった人間たちについて……指導的な立場にあった者たち、ね。

若　このくだりにさしかかると、私は実は憂鬱《ゆううつ》になる（笑）。

F　ドイツでも同じだよ。「ルスキー（ロシア）の犬」、という言葉はドイツでも長く使わ

れていた。ドイツの場合、国内が戦場になったこともあり、とくに女性への暴力がひどかった。

若 英語を読み書きできる協力者は、東京だけで5100人が確認されている。名簿ではない。給与票での確認だよ。

彼らは途方もない高給で優遇された。平均日給1200円だ。月収では3万円となる。東条英機元首相の全資産が15万円と公表されていたが、彼らの高給ではたった5カ月分にすぎない。貴重だったウイスキーから贅沢な食品に至るまで、彼らは飢えに苦しむ日本国民の上に君臨した。この高給はすべて日本政府の負担だった。給与票はその名残りだ。

彼らの総元締めはNHK会長に指名された社会統計学者の高野岩三郎だったが、彼は東京帝大をはじめとするインテリ5100人を束ねて検閲に奉仕し、「天皇制廃止」と「大統領制」を主張した。そう、NHKの戦後初代の会長となる人物だ。

戦前は皇国史観の先導者であった**家永三郎**[33]、**横田喜三郎**[34]たちが、WGIPの政策を支えた。東大法学部教授のようなエリートは今日から見ても、その進退に大きな疑問を抱かざるをえない。

のちにフリッツ君から詳しく説明を得たいが、GHQの日本統治には奇妙なことが多す

ぎるのだ。

私の大学の教授たちもご多分に漏れず、左翼が多かったが、私の卒論はレーニン批判だった。「なにぃ！　レーニン批判？　聞こうじゃないか」とやや喧嘩腰になったのは、若かったS助教授だった。

卒論は落第かなと観念しかけていたら、大御所のG教授が、「まあ、若いときは問題意識は大きい方がよか」と鎮めてくださった。おかげで私は卒業できたのさ。先生には感謝

㉝家永三郎　（1913～2002）日本の歴史家（日本思想史）、東京教育大学名誉教授。文学博士（東京大学）。終戦直後は明治天皇と教育勅語を高く評価したり、昭和天皇に進講したり、学習院高等科の学生だった皇太子（今上陛下）に歴史を講ずるなどしたが、1950年代より反権力に転じ、高校日本史の記述に南京大虐殺、731部隊、沖縄戦などについての記述を認めない文部省を「教科書検定は憲法違反、検閲である」と告訴した「家永教科書裁判」で有名。1965年から始まった裁判の終決に32年を要し、家永の実質的敗訴となった。

㉞横田喜三郎　（1896～1993年）国際法学者、第3代最高裁判所長官。従二位・勲一等・文化勲章・文化功労者・紺綬褒章・江南市名誉市民など。元国務大臣猪口邦子は孫。マルクス主義法学者で、東京裁判では裁判の翻訳責任者を務めた。論文で東京裁判を「国際法の革命」と評価。1949（昭和24）年の著書『天皇制』では、「天皇制は封建的な遺制で、民主化が始まった日本とは相容れない。いずれ廃止すべきである」としたが、最高裁長官候補になると天皇制肯定論を唱えた。昭和天皇からの勲章授与に際しては、東京中の古本屋を回って著書『天皇制』を買い集めた。

しているよ。卒論のテーマ？　フランクフルト流のマルキスト批判だった。

当時は、フランクフルト学派などという概念も未熟で、グラムシの構造改革の変種かというくらいに誤解されていた。そうではないと力説しても、右派社会党の「構造改革」の二番煎じか、くらいの評価しか受けなかった。

グラムシこそがフランクフルト・マルキストの変種だったのに、だ。今の「憲法」は**ワイマール憲法**㉟の焼き直しを、ユダヤ思想とともに持ち込んだものだよ。

ドイツ人の君には、ユダヤ思想について存分に語ってほしい。

ここは日本だ。ドイツ国内のような厳しいタブーはまあ無い。

世にユダヤ陰謀論とか、いろいろあるよな。

だが私の説は、違う。邪悪な民であるユダヤ人が陰謀をめぐらし、世界支配を企んでい

㉟**ワイマール憲法（ヴァイマル憲法）**　第一次世界大戦末期の1918年11月3日、ドイツ・キール軍港の水兵の反乱に端を発した全国規模の大衆的蜂起「レーテ（労働者・兵士評議会蜂起」によってカイザー（ドイツ皇帝）が廃位され、ドイツ帝国が打倒された後、ドイツ革命：人民委員評議会政府によって定められたワイマール共和政の憲法。ワイマール憲法は国民主権・基本的人権・社会保障を規定した斬新性にあり、当時、世界で最も民主的な憲法とされ、日本国憲法を始めとする諸外国の模範となる。ワイマール共和国の要職はユダヤ人によってほぼ押さえられ、これが反ユダヤ～ヒットラー登場の温床となる。

るという国際金融の現実との相似がそうした言論を生んでいるのだろう。しかし、紙幣の欺瞞が世界の民の不幸を拡大再生産していることは事実だ。

そうした妄説から抜け出すためには、誤解の根源のマルクス主義の理解から正す必要があると思う。ここは、君の独壇場だ。

F　独壇場？　……それはないよ。パントマイムならやるけどね（笑）。

◉ルーズベルト大統領のユダヤ出自と不可思議な急死

日本の戦後を攻撃し続けたのがGHQだとしたのでは、問題が分からなくなる。GHQの中枢に棲みついたニューディーラー一派だとはっきりさせておこう。

ニューディーラーとは何か。この認識の第一歩は、彼らがユダヤ人だということが理解できれば、その政策の端々にユダヤ的思考の特徴に気づくに違いない。そうであれば、ニューディーラーとは共産主義者であることがすぐに分かる。マッカーシーの「赤狩り」というのはニューディーラーの一掃ということだ。

日本人はアメリカにも「赤」がいるのか、と不審に思ったようだが、マッカーサーのことを「真っ赤サー」と揶揄《やゆ》したじゃないか。君からこの話を聞いたとき、私は腰を痛めるほどに大笑いしたね。ニューディーラーの親分はもちろんルーズベルトだが、今日のアメ

リカ人の95％は、ルーズベルトがユダヤ人だとは知らないな。
ＦＤＲ（フランクリン・デラノ・ルーズベルト）という名は、今日のアメリカでは半ばタブーとなっている。日本人ではこのことは知られていないようだが、全米の６００万人のユダヤ人たちは、第二次世界大戦を引き起こした張本人であるＦＤＲの名を、完全にタブーとしている。

若 ルーズベルトがユダヤ人だということを詳しく「論証」してくれないかな。私は自著でそれに触れたら、ある高名な学者から、ルーズベルトはユダヤ人ではないと、酒の席でたしなめられた。私は私なりに確証をもっているが、君の意見を聞きたい。

F ルーズベルトの家系をたどると、祖先はオランダにいた Claes Marten Van Rosenvelt だ。17世紀中葉の人物だ。彼の一家はスペインの異端審問を逃れて亡命した。スペインではローゼンカンポと呼ばれていた。このローゼンカンポの一族はヨーロッパ各地に散っている。ローゼンベルグ、ローゼンブルグ、ローゼンバウム、ローゼンバリウム、などとなっていく。このなかで、ヤコブス・ローズベルトがオランダに定住し、改宗している。念のために言うが、ユダヤ教を「捨てた」が、ユダヤ人であることを捨てたわけではないの

だ。こうした改宗者を密かにエージェント《agent》という。

マルクスも父の代にエージェントになっている。彼の父は弁護士だった。

ヤコブスの一家は1649年、オランダから当時はニューアムステルダムと呼ばれていた現在のニューヨークに移住した。1682年、祖先のクラエス・マルテンザン・ローズベルトはジャネット・サミュエルズと結婚している。布を商っていたようだ。

どうしてそんなことが分かるのかって？　では君はどうやって調べたの？


若　アメリカは大変に紳士録を尊重する。1600年代なんて、日本人の基準ではそう古い時代ではない。私の家の墓地には、もっと古い墓碑が並んでいる。日本刀で1682年製なら「新刀」という。移民国家アメリカでは1600年代からの来歴を有するとなれば、「名門」と呼ばれるに足りるわけだ。エージェントであれば、ワスプ（WASP。ホワイト・アングロ・サクソン・ピューリタン）がアメリカの上流社会入りの条件だとされるが、エージェントはピューリタンたり得るわけだ。

日本でいまごろ家の系図などを持ち出すと笑われるのが相場だ。わが家？　ああ、あります。だけど、ただあるだけだ。……始祖？　1200年前（笑）。

アメリカはそうではない。私もニップとかジャップと呼ばれた散々な経験がある。

Ｆ　そういうわけで（笑）、市販か図書館の紳士録を確認されたい。紳士録でなくても、公然の事実がある。ルーズベルトが大統領に当選すると、母のゼームス・ルーズベルトはジューイッシュ・メダルを贈られ、ニューヨーク・ユダヤ協会の栄誉会員になり、ニューヨーク市長ラガディア（ユダヤ人）は、全ユダヤ人の名において金牌を贈呈している。そして、メダルの鋳造も行われた。１９３３年3月4日に大々的に売り出されたこのメダルは、表面はエレノア・ルーズベルト、裏面にはダビデの星がデザインされていた。

ルーズベルトを囲む主要なスタッフが全員ユダヤ人であり、マルキストが多くいたことはよく知られている。国務長官のコーデル・ハルはユダヤ人ではないが、妻はジェイコブ・シフの親類である。財務長官のモーゲンソーはユダヤ人だ。彼による戦後の対独処置案の苛酷さはよく知られている。労働長官ハーキンズ女史はロシア系ユダヤ人だ。

フランクリン・デラノ・ルーズベルトという名のデラノだが、これは母方の姓だ。中国での有力なアヘン商人だった。中国市場の覇権をめぐって蒋介石などと関係の深かった一族だ。ＦＤＲの妻エレノア・ルーズベルトは「ザ・レッド」と呼ばれた。このように、共産主義者に彼の政権は支えられていた。

ソ連？　スターリンのユダヤ人からの権力奪取が進行し、ソ連はロシア帝国に似た非ユダヤの「共産主義」の国になっていった。

マッカーシーの「赤狩り」というのは、本質的にはワスプの反撃だ。**マッカーシズム**㊱というものの本体は理解されているとは言えない。**マッカーシー**㊲個人の狂気の沙汰、などと今でも言う人が多い。

ルーズベルトの急死（１９４５年4月12日）を自然死というのはどうも怪しい。あのD・ホワイトが上院に喚問された後、心臓発作。さらには**ハーバート・ノーマン**㊳の投身自殺、

㊱**マッカーシズム（赤狩り）**　１９４７年に非米活動委員会でハリウッドにおける米共産党の活動が調べられたのが端緒。チャーリー・チャップリンを始めとする有名俳優の多くも嫌疑をかけられ、業界から追放されたりした。後に大統領になるロナルド・レーガンも嫌疑をかけられるが、告発者として協力。国務省内の共産主義者から「魔女狩り」との反発を招いた。

㊲**ジョセフ・マッカーシー**　（１９０８～57）アイルランド系の家庭に生まれた共和党上院議員。トルーマン民主党政権下の１９５０年に国務省内の２００名以上の共産主義者の存在を公表し、政治家・タレントなどの共産主義・魔女狩り（マッカーシズム＝赤狩り）を推進。１９５２年の共和党の選挙勝利、20年ぶりの共和党大統領（アイゼンハワー）選出に影響を及ぼす。

㊳**ハーバート・ノーマン**　陸軍内の共産主義者摘発を目前に急性肝炎で死亡。暗殺説が根強い。第Ⅰ部第１章「諜報・諜略が致命的に分からない日本人」を参照。

ひいては、イギリスに亡命した**アグネス・スメドレー**[39]女史の歯科医院での突然死なども、口封じだろう。

そのマッカーシー自身も、ニューディーラー（ソ連）の反撃だろうが、謎の急死をとげている。


若　1940（昭和15）年、ニューヨーク・タイムズ紙は日本に対する経済封鎖を公言し、アメリカ政府に実施を要求した。ニューヨーク・タイムズはアメリカ国民の多くから、「戦争新聞」と非難されるようになっていた。この新聞は対日参戦を煽りまくる。

日本政府にタフな外交能力があったなら、日本政府・外務省その他は全力を挙げて、アメリカの日本への挑発的な政策を、アメリカ国民にこそ宣伝しなければならなかったのだ。

ルーズベルトの「参戦意思」は日本挑発にあり、日本に最初の一発をアメリカに向かって撃たせることにあると、日本は国の総力を挙げてアメリカ国民に訴えるべきだった。

ルーズベルトは戦争を欲していると、日本国家は世界に訴えるべきだったのだ。

ジョセフ・マッカーシー

F　それはいつの時点での話かな（笑）。それでは日本だけが戦争から抜けるという話だろう。日独米英の、特に中国をめぐる複雑な利権の錯綜を詳しく語ろうよ。

◉蒋介石軍を軍事支援したドイツと日独同盟への転換

若　それは分かっている。しかし、中国をめぐって最も激しく対立していたのは、ほかならぬ日本とドイツだった。誰もこの事実を語らないな。

語らないのはなぜかって？　日中戦争を引き起こすための独英米ソの生々しい駆け引きが明るみに出てしまうからだ。日本とドイツはなにも最初から仲良しだったわけではない（笑）。

ドイツではヴィルヘルム2世が「黄禍論《こうかろん》」を広めたこともあり、また、第一次大戦の敗

㊴アグネス・スメドレー　（1892〜1950）ミズーリ州の農家に生まれ、女性の人権、インド独立、避妊、中国でのコミンテルン活動などの著作で知られるジャーナリスト。ドイツから中国へと渡り、上海ではゾルゲの情婦となり、尾崎秀実とも親交があり、尾崎はスメドレーの著書の翻訳も行っている。中国共産党・八路軍へ密着した取材、国民党や共産党上層部の取材レポートは秀逸。帰国後、GHQの「赤狩り」ウィロビーからスパイ容疑をかけられるが、上司のマッカーサーを名誉毀損で訴えると声明を発表。下院非米活動委員会から召喚状が出た当日にロンドンに飛び、歯科医院内で急死。

北で山東の租借地や南洋群島を日本に奪われたことから、根強い反日・侮日感情が潜在していた。日本もドイツも工業化と復興をそれぞれ遂げるにともない、アジア・アフリカ市場で、肥料、自転車、電球、繊維などをめぐって激しい競争下にあった。

　こうしたなかで、ドイツ陸軍はソ連を牽制するという戦略的な狙いから、１９２８（昭和3）年以来、弱体な中国軍の強化に乗り出していた。蒋介石もこれを歓迎した。

アグネス・スメドレー

　派遣されたドイツ将校団の初代の団長はハンス・フォン・ゼークト大将、2代目はアレキサンダー・フォン・ファルケンハウゼン中将（後に大将）だ。将校団の数は資料によって異なるが、延べでは４００人を超えている。１９３１（昭和6）年に3個師団がドイツ人顧問団によって編制され、ドイツ製武器を装備した蒋介石軍の中核となった。１９３７（昭和12）年までに蒋介石中央軍は30個師団を数え、蒋介石は自軍の戦力に自信をもつにいたっていた。１５００人以上が幹部教育を受け、３００人以上が陸軍大学で教育を受けていた。

こうした将兵が、上海事変に際して日本軍の前に現れたわけだ。満洲事変の頃までは日本陸軍は鎧袖一触《がいしゅういっしょく》で中国軍を破っていたが、上海事変では勝手が違い、日本軍3個師団は大苦戦に陥った（注：日本軍の正規師団は約2万5千人編成、中国軍は約1万人編成）。

こうしてドイツは軍事顧問団や軍事援助を通じて、中国への影響力を拡大していた。ドイツは中国からチタンやタングステンなどの地下資源を得ることができた。中国はドイツの工業製品や武器を手にした。ドイツでは親中派が圧倒的であった。

ヒットラーが政権を獲得した翌年の１９３４（昭和９）年には、工業製品貿易有限会社（通称「ハプロ」）をドイツ国防軍直属のもとに設立している。

１９３６（昭和11）年には、ドイツの武器輸出の58％は中国向けとなっていた。この年には外貨不足の蒋介石政府に1億マルクの借款を与えるハプロ協定を結んだ。

同じ時期の日本への武器輸出は1％にも満たない。

このように、対戦相手の蒋介石の最大の味方のドイツ商人には、日本は当然に厳しい規制をもって臨んだ。

こうした対立関係にあったドイツと日本がなぜ接近し、軍事同盟を結ぶに至ったのか、フリッツ先生にご教授願いたい。

F　それは満洲事変と満洲建国だ。この二つの日本の成功は、ドイツにとっては二つの面で歓迎すべき出来事だった。

一つは、ソ連への牽制だ。１９３６年の**西安事件**㊵の持つ意味について、ドイツの諜報機関は、コミンテルン第7回大会の人民戦線（フロント）戦術の実行だと分析した。そして、中国軍・政府内へのコミンテルンの浸透を知った。

あれだけ教育し訓練した中国軍が一時の奮戦だけであえなく壊滅し、首都まで陥落させられるのを目の当たりにして、ソ連への牽制のためなら日本と満洲国と組む方がより強力な牽制になる、と考えた。

二つ目は、貿易面の利益だ。特に大豆と大豆油、そしてチタンやタングステンなどのレアメタルは朝鮮と満洲に豊富にあることが大きかった。

１９３８（昭和13）年4月にはドイツは満洲国を承認し、7月には軍事顧問団を中国か

㊵**西安事件**　１９３６＝昭和11年12月12日、蒋介石の部下である中華民国軍（国民党軍）司令官・張学良が、中国共産党軍壊滅直前に起こしたクーデター。共産党軍総攻撃を指揮するため西安入りした蒋介石を拉致・監禁。スターリンの指令を受けて延安から来た共産党の周恩来らと蒋介石の間で「国共合作」が成立。国民党軍は反共姿勢から抗日姿勢へ方針を転換、翌年の盧溝橋事件から日中全面戦争へ突入する。反乱者の張学良は軍法会議によって台湾で50年間の軟禁後、ハワイに移住、２００１年死去。

ら引き揚げさせた。

歴史に「イフ」は無いというが、日本軍はドイツ軍事顧問団の引き揚げと同時に蔣介石と講和すべきだった。ドイツ顧問団の錬成した中国軍を壊滅させ、首都を陥落させた日本軍には、講和の絶好の機会だった。講和条件の吊り上げを言い出した近衛文麿首相などには、コミンテルンの手が伸びている。ゾルゲ・グループの尾崎秀実たちの工作のことを私は言っているのだ。

◉米内海軍大臣と山本五十六提督の奇妙な作戦

「圧勝のあとは寛大な講和」というのは、「ビスマルク・モルトケの定理」とされる。

多田駿《ただはやお》参謀本部次長は男泣きに泣いて、講和を主張した。しかし日本には、西安事件に始まるコミンテルンの仕組んだ日中全面戦争への布石という、いわばソ連によるソ連のための戦争なんだ、という認識が欠けていた。日本の諜報の弱さでもあるが、満洲大事を原点に据えて考えれば、中国大陸に日本陸軍の主力を張りつける愚は避けられただろうな。スターリンの高笑いが聞こえるようだよ。

ビスマルク・モルトケの定理、というのはこういうことだ。1866年、統一ドイツの成立を目指していたプロシア軍はオーストリア軍を破った（普墺《ふおう》戦争）。首都ウィーンを包

囲するほどの勝勢だったが、領土や賠償金を要求しない寛容な講和条約を結んだ。なぜなら、同じドイツ民族のオーストリアが、統一ドイツ成立の反対勢力になってほしくなかったからだ。同盟的講和のあとは、干渉軍を派遣しかけたフランス軍を粉砕し、アルザス・ロレーヌを割譲させている。

満洲大事が本当なら、迅速な撤兵。コミンテルンよ、その手には乗らない、という理性と決断が日本にも欲しかった。日中連携は世界史の必要事だったのだ。

ついでに言うと、この日本の運命の会議で米内光政海軍大臣は、講和を説く多田次長を怒鳴りつけている。「内閣を潰す気か」と。

米内光政という人物……海南島《かいなんとう》進駐を決行する人物だ。つまり、海軍の南進政策だ。南進して日本は米英と戦うに至る。米内光政についての研究が必要だ。山本五十六連合艦隊司令長官？　彼もさらなる研究が必要だと私は確信する。**ヴェノナ資料**㊶のなかに、日本人のエージェントとして「ミーシャ」という存在が明らかになる。

㊶ヴェノナ資料　1930年代から80年代にかけてアメリカ秘密共産党とソ連との間に交わされた暗号電文をＮＳＡ（米国家安全保障局）が解読、1995年に公開され、米民主党左派や米諜報組織の上層部を牙城に核兵器や最新兵器の情報漏洩や、政策決定に関与していたことが明らかになる。なぜか日本ではこの大スキャンダルが全く報じられていない。

若　「ミーシャ」、誰だって？　私には分からない。ただ米内光政は若いころに、ペテログララードやワルシャワでの駐在武官の経歴が長い。この間にミーシャという女の子を得ている。ここまでは確かな事実だ（笑）。

しかし、米内光政海軍大臣が諜報の網にかかっていたかどうかは、私には確証はない。

ところで、奇妙な事実がある。

それは、山本五十六長官の戦死の日についてだ。彼の戦死は4月18日とされた。だが本当は翌日の19日だ。

敵機の待ち伏せに遭い、墜落した山本五十六の乗機は、不時着に成功し、彼は生きていた。翌19日、彼は侍医の介借《かいしゃく》によりピストルで自殺している。侍医も後を追った。大本営は「4月18日の長官の壮烈なる戦死」を発表した。アメリカ海軍は、生きている山本五十六連合艦隊司令長官を捕虜にしようとは、考えた。しかし襲撃の翌日、19日に彼は死んだと知った。

米内光政と山本五十六

米内光政は開戦直前までの総理大臣であり、最後の海軍大臣だった。その任務は、帝国海軍の解体だ。海軍省解散の彼の演説は、日本人には記憶されておくべきだ。

「帝国海軍七十年の栄光の歴史は本日を以て終わる。以上、終わり」、それだけだ。1945（昭和20）年11月30日の話だ。そして、米内の人生も「以上、終わり」だったのかもしれない。彼は1948（昭和23）年4月19日に亡くなっている。

東条英機以下の戦犯7名は、1945年12月23日に絞首刑に処せられた。12月23日は皇太子明仁殿下（今上陛下）の生誕日でもある。

東京裁判の死刑囚に、海軍関係者がいないと、訝《いぶか》しむ人がいる。

永野修身《ながのおさみ》海軍軍令部総長は巣鴨プリズンに収監ののち、病死（肺炎死）として遺体が日本政府に引き渡された。

山本五十六連合艦隊司令長官は、待ち伏せにより、「壮烈なる戦死」だ。

米内光政海軍大臣は、日本海軍解体ののちに、「以上、終わり」だ。

F　東京裁判の死刑囚が（外交官の広田弘毅《ひろたこうき》を除き）、陸軍軍人ばかりだと指摘する史家は、GHQと海軍の「司法取引」について、ぜひとも探究すべきだ。

日本海軍の戦後には、なにか胡乱《うろん》なものがあると、ドイツ人の私は感じ続けている。

君の立派なドイツ語の論文にあったように（笑）、日独伊の勝機は確かにインド洋にあったのだ。

今晩の夕食の味付けのために言うのではないが（笑）、天敵だった日本とドイツが、なぜファメリーになったのか、私はそれを知ってから帰国したいね。

◉防共協定に入らなかった英蘭とエドワード8世の王冠をかけた恋

若　ファメリーだって？　24歳だった私がフランクフルトで経験したことを話そう。飲み屋での経験だ。私と日本人の友人に「お前らは中国人か？」と聞いてきた男がいた。「日本人だ」と答えると、「みんな、ここにヤーパナー（日本人）がいるぞ！」となった。すぐさま私たちは取り囲まれ、バケツのような大きなグラスで乾杯となった。ひとりが言った。「日本はおれたちが降伏しても一国で、奴らどもと原爆を食らってでも戦った。今度は、イタリア抜きでまたやるぞ！」

こうした乾杯を何度か経験した。たしかに愉快だったものの、どこかしら黄禍論との通底音を感じたものだ。集団になったドイツ人と個人のドイツ人とでは違いがあるのではないかな。アーリア人の君にぜひ聞いておきたい。なぜ、あのナチス・ドイツが黄色人種の日本と同盟したのか？　これは個人的な興味ではない。私の真剣な疑問なのだ。

日本が中華人民共和国と同盟することは絶対にないと、私は信じている。なぜか？中国人とは価値観が根本から違うからだ。韓国人とも、駄目だと思う。彼らとは同じ黄色の肌だが、価値観は根本から違う。一緒にはなれない。ドイツ人もアメリカ人も、人種差別という点では同じではないのか。これは、私の個人的経験をもとにした感覚だから、論理の帰結ではないがね。ナチス・ドイツは黄色い日本人となぜ、同盟したのだろうか。

１９３５（昭和10）年7月から8月にかけてモスクワで第7回コミンテルン大会が開かれた。日本とドイツをファシズム国家と決めつけ、「反ファシズム人民戦線戦術に関する決議」を決めた。

それに対抗して、日独は日独防共協定を結んだ。１９３６（昭和11）年11月25日だった。その対象はコミンテルンであり、背後で糸を引くソ連だった。この協定への加入が期待されたのはオランダとイギリスだ。植民地大国のオランダは、インドネシアの民族独立運動がコミンテルンに煽られていると反発していたからだ。イギリスも同じだ。加えて、ヒットラーはアーリア民族として、ユダヤ思想たる共産主義に対決することを期待した。

駐英大使だったリッベントロップは、まだ野《や》にあったチャーチルをドイツ大使館に招き、「ドイツの希望は東方にドイツ民族の生存圏（レーベンスラウム）を確保することに限定されている」と述べ、反共産主義同盟への加入を説得している。だがチャーチルは「イエ

ス」とは言わなかったようだ。結局、防共協定に参加したのは、イタリアだけに終わった。

リッベントロップはその後にナチ党外交部長を経て外相に就くと、防共協定を軍事同盟にまで高めようとする。その前段として、1938(昭和13)年10月7日に日独陸軍情報協定を、そして1939(昭和14)年には日独海軍情報協定が結ばれるに至った。

F その2年前にイギリスのジョージ6世戴冠式があったよな。私は個人的にはこの戴冠式には、興味をもっている。「王冠をかけた恋」のラブストーリーの裏についてだ(笑)。

若 1936(昭和11)年1月、イギリス国王ジョージ5世が逝去し、あとをエドワード8世が嗣いだ。

イギリスの王室は1714年、ドイツのハノヴァー侯ルードヴィヒをジョージ1世として迎えた。いわゆる王政復古、名誉革命だ。この国王は英語ができず、政治には関心をしめさなかったため、責任内閣制度が採られ、首相が国政にあたることになった。こうしてイギリスは、王冠を掲げる共和国となった。「君臨すれども統治せず」が英国政治の伝統とされた。

ところが、新国王エドワード8世は、ブリュッセルで予定されていた国際連盟の予備会

議に出発しようとしていたイーデン外相とボールドウィン首相を宮殿に呼びつけた。

「『君臨すれども統治せず』の伝統は承知しているが」と前置きして「会議出席中止」の勅令を発したのである。勅令によせて「予備会議、本会議と進めば第二次世界大戦が勃発するであろう」とのお言葉があったという。

結局は会議はロンドンでの開催となり、国王エドワード8世が閣僚と委員たちを召集して説諭するのだが、国王の語るところはすべて要点を衝《つ》いており、秘密会議でドイツの**ラインラント占拠**㊷を機に戦争を始めるという決定まで、国王は指摘したという。

12月になると、突然に国王とシンプソン夫人の情交が報道暴露された。シンプソンはア

エドワード8世とシンプソン夫人

㊷**ラインラント**　ドイツ西部ライン川沿岸の一帯を指し、ドイツワインの中心的産地として有名。ナポレオン戦争によってライン川西岸一帯がフランスの占領下になったが、１８１５年のウィーン議定書によってプロイセン王国に割譲。第一次世界大戦後のベルサイユ条約で、ラインラントの非武装化が定められた。１９３６年3月7日にドイツ軍がラインラントに進駐。第二次世界大戦は、ドイツのラインラント進駐ではなく、１９３９年9月1日のダンツィヒ侵攻によって始まった。

メリカ生まれで離婚歴があり、アメリカ左翼の指導者アプトン・シンクレアの姪である。二人の仲を取り持ったのはモルガン財閥の娘、ファネス子爵夫人であった。イギリス国教会のカンタベリー大僧正とロンドン大学のラスキ教授の説得により、国王は退位した（「王冠をかけた恋」）。

あとを嗣いだジョージ6世の治世になり、第二次世界大戦が勃発した。ただし、戦端はラインラント問題ではなく、**ダンツィヒ問題**㊸を契機に勃発させられたのである。

F よく分かる。われわれドイツ人は、今次大戦のすべてがドイツやヒットラーやナチスのせいだと押し込められている。しかも、シンプソン夫人はゲッペルス宣伝相の情婦だっ

㊸**ダンツィヒ問題** 歴史的にドイツ・プロイセン・ポーランドの間で揺れた自由都市国家。1933年、ナチスがダンツィヒ自由都市選挙で過半数を獲得。9月1日、ドイツ戦艦によるポーランド駐屯軍への艦砲射撃を火蓋にドイツ軍の侵攻が始まり、ポーランド人は郵便局に立て籠って抵抗。この辺りの様子は映画化されたギュンター・グラスの小説『ブリキの太鼓』に詳しい。ドイツ軍のポーランド侵攻に英仏が宣戦布告、第二次世界大戦が始まった。ダンツィヒは戦後、グダニクスと名称変更。1980年、グダニクス造船所の労働組合「連帯」ワレサ委員長が指導したストライキから東欧各国での反共運動へと発展、ベルリンの壁崩壊からソ連崩壊へとつながる一連の激動の引き金となった。

たなどという説まである。諜報の世界の闇は深い。

カンタベリー大僧正は英国教会の最高位にあり、国王に加冠する特権を有している。エドワード8世はウィンザー公となるが、失意の余生だったと聞くね。

1971（昭和46）年に逝去されたが、私はその訃報を読んだ記憶がある。この年はドルと金の兌換が停止された、いわゆる「ニクソン・ショック」の年だった。

ドルは単なる紙切れに過ぎなくなった。

ドルがなぜ基軸通貨なのか。その理由は、石油はドルでしか決済できないからだ。ユーロや円で石油が買えるか。人民元がその壁に挑もうとしているが、私には戦火を招く臭いがして仕方がないのさ。

【第4章】

世界史を読み解く「鍵」とは

◉米ソ対立は虚構である――「両建て」という芝居

若　これから私が話すことは、君の耳には逆らうかもしれない。あまりに非常識に聞こえるかもしれない。私の問題意識は、日本史をいくら分析しても大東亜戦争には至らない……という事実から出発している。世界史のうねりの中で、日本の戦争があるのだ。「日本が戦争を始めたのではない」という確信は、私の38年間の教師人生から生まれたものだ。高校生に歴史を教え、「政治経済」や「倫理社会」という科目も教えて、気がついたら定年を迎えていた。

私は大学で法学部政治学科を卒業した。ご多分に漏れず、私の大学も〝ピンク〟だった。

工学部のある学科は、ある左翼政党の党員でなければ研究スタッフになれないと聞いて憤慨したものだ。

私の卒業論文は「政党論における組織と理論の問題」というタイトルだ。要するにレーニン批判だ。いま読み返せば、幼いものだ。レーニン主義というのは、プロレタリアートという虚構に隠れて、一部のインテリゲンチュアによる権力奪取の偽マルクス主義だというのが、前半。マルクス主義というのは、理論や科学ではなくイデオロギーに過ぎない、というのが中盤。マルキストは変態し、フランクフルト大学を拠点にしていたが、ナチスに追われてアメリカに逃れ、ニューディーラーとさらに変態し、ルーズベルト政権に潜伏してGHQに潜入し、戦後日本を破壊したというのが後半。

君も知っているように、私は通産省の研修生としてフランクフルトに出向き、君と出会った。妻が23歳の短い生涯を東京で閉じた。急ぎ帰国した私は、気がついたら禅宗の修行僧（雲水）になっていた。そして、地元の市長の好意で、高校の教師となった。

私にとって、マルキシズムは生涯の敵であり（笑）、イデオロギーなどというものは虚偽意識なのに、日本人はイデオロギーの縛りからまだ覚めていない。

ドイツでも程度と形は違えど事情は同じだと、確信している。

F　まさにその通りだ。君がドイツに来た1965年の頃が、いちばん激しく吹き荒れていた。**ドゥチュケ**㊹とか**コーン＝バンディ**㊺などが懐かしい。私は君と違ってマルクスを敵だと思ったことはない（笑）。マルキストなんか素通りしたロマンチストだったからね。中国の文学や歴史にずっと憧れていたものだ。日本人の君がすらすらと漢文を読むのには圧倒された。シギン（詩吟）には参った。丸太で丸太を打ち折る武芸にも感心した。
　私がこの方面の研究に進んだのは、君の影響かもしれない（笑）。

若　そうであれば光栄です（笑）。

㊹**ルディ・ドゥチュケ**　（1940〜79）1960年代後半の西ドイツで活躍した学生運動家、社会学者、政治運動家。1961年8月、ベルリンの壁が築かれる前日に西ベルリンへ亡命、ベルリン自由大学でレーヴェンタールらの下で社会学を学ぶ。フランクフルト学派、ローザ・ルクセンブルクや批判的マルクス主義の影響を受けるが、イエス・キリストを最も偉大な革命家と呼んだ。

㊺**ダニエル・コーン＝バンディ**　（1945〜）ナチスの迫害でフランスに逃れたユダヤ人の両親の元に生まれる。1960年代後半、アナーキストとしてパリの学生蜂起を指導し、ドイツへ国外追放処分に。1984年ドイツ緑の党に参加、2004年から欧州緑の党・欧州自由同盟共同議長。

フランクフルト学派は、ナチスに追われてアメリカに逃れ、戦後日本の解体を進め、アメリカでマッカーシズムの赤狩りが進むと、西ドイツに帰国した。テオドア・アドルノやマックス・ホルクハイマーたちによってフランクフルト大学に再建された。マルクーゼはアメリカに残ったけどね。君の在学時期と重なっているわけだ。恩師ではないの？（笑）フランクフルト学派については、すでに話したよな？

1933（昭和8）年にルーズベルトが大統領に選出された。ドイツではヒットラーが政権に就く。ルーズベルトが手始めに着手したのがソ連との国交調整だ。以前は無神論の国とソ連を決めつけていたカンタベリー大僧正をして、マルキシズムの理想はキリスト教徒の理想と共通するところがあると、ラジオで放送させた。スターリンやソ連国民のための祝禱《しゅくとう》を全米に放送させたりした。

ソ連では宗教が復活し、アメリカ共産党はコミンテルンから離脱した。民主主義と共産主義は、その理想においては同じなのだと宣伝された。

日本に向けては、同盟通信や日本電報通信を通じて連日連夜、そのような反ファシズムの民主主義運動の高まりが配信された。当時の日本のインテリたちは鼓舞された。自分たちの共産主義思想は背後に隠し、しかし世界は民主主義と共産主義の勝利に向かって進んでいるという確信を強めたのだ。まさに「夜明けは近い」と信じられた。ソ連には革命宣

伝を控えさせ、米英両国は北海経由でムルマンスクに膨大な軍事援助物資を揚陸した。それがソ連の戦争遂行を支えた。大戦が始まると、ムルマンスクがインド洋に代わった。

このインド洋・アラビア海・スエズから揚陸されるアメリカの援助物資が、英国・ソ連の戦力を支えたのだ。

ヒットラーは当然にインド洋の制圧を望みはしたが、アメリカの参戦を呼ぶので満洲からの進撃を期待した。日本はなぜ、シベリア進攻（北進）をしなかったのか？

1928（昭和3）年、3・15事件で逮捕され、転向を宣言して満鉄に入った佐藤大四郎という人物がいた。満鉄傘下の農事合作社に移り、満洲の日本共産党に加わり、コミンテルンとの連絡任務に当たっていた。

1941（昭和16）年、独ソ戦が始まった。コミンテルンは日本共産党員に「日本の北進がないように、あらゆる工作をすべし」と指令した。

7月7日、関東軍特別大演習（関特演《かんとくえん》）が、80万の大軍を動員して開始された。誰もが、日本の北進を信じていた。

満鉄調査部から農事合作社主事の佐藤大四郎に指示があった。シベリアの農作物・畜産物の状況を、現在および過去・将来の見込みにおいて報告せよ、との指示である。

ちなみに、この当時の満鉄調査部にはゾルゲの同志・尾崎秀実がいた。佐藤は尾崎が日

本軍の北進阻止の情報を欲しているのだと理解し（事実、尾崎は佐藤にそのように指示している）、「シベリアの農業事情は昔から劣悪で、日本軍の糧食のシベリアでの調達は絶対的に不可能である」との報告書を提出した。

「尾崎秀実から満鉄へ、満鉄から満鉄報告書として参謀本部に報告書はあげられたものと信じる」と、尾崎秀実逮捕（10月15日）ののちに逮捕された佐藤は憲兵隊に対して答えている。そして、尾崎からの指示も自白している。

スターリンが最も恐れたのは日本のシベリア進攻だった。1941年の8月から9月頃の戦況は、ソ連にとってまさに最悪だった。ドイツは日本のシベリア進撃を催促した。関東軍も参謀本部からの進撃命令を待っていた。

関特演の最中に開かれた御前会議において、東条英機陸軍大臣は、食糧を敵地に求めるという陸軍伝統の作戦遂行はシベリアにおいては不可能であると主張した。その根拠が満鉄調査部の「報告書」であった。

この「満洲農事合作社事件」は陸軍の沽券《こけん》に関わる重大事件として、資料の類はすべて抹殺されている。

陸軍大臣がコミンテルンの工作した資料を用いた、しかもそれが御前会議でとなれば、陸軍首脳の沽券に関わるというので、単なる治安維持法違反として処理された。もし謀略

が追及されたならば、最高刑が死刑まである国防保安法違反事件として処理され、謀略に対する措置が格段に厳しくなっていたはずだ。

それを治安維持法事件として、奉天拘置所送りとして処理した。

1941年7月2日の御前会議は、既定路線だったシベリア進攻をやめ、南進に方針転換したのだ。

そして、9月6日の御前会議においては、「対英米蘭戦を覚悟のもとに10月上旬を目途に戦争準備を完整す」と決定する。昭和陛下が「四方《よも》の海　みな同胞《はらから》とおもう世に　など波風の　立ちさわぐらむ」という明治天皇の「御製《ぎょせい》」を二度にわたって朗詠されたのは、この時の場面だ。

ゾルゲの日本における任務は完遂された。任務完了とモスクワに連絡し、帰国の準備に入った。しかし、10月15日、ゾルゲと尾崎秀実は逮捕された。これも治安維持法違反事件としてだ。

日本のほとんどの史家は、米ソの対立を本物だと信じ

尾崎秀実とゾルゲ

ている。米ソ対立は演技というか、虚構にすぎないことを認識できずにいる。シベリアには多くのアメリカ人がいた。アメリカの会社が鉱山を経営していたからだ。1917年のロシア「共産主義革命」のときに、アメリカ資本がソ連に流れ込んでいたのだ。シベリア出兵を日本とアメリカは「共同」で行うが、日本は反革命、アメリカは革命支援なのだ。だから日本軍はアメリカ軍から散々な仕打ちを受けている。

ソ連の5カ年計画は成功と喧伝されたが、米英の資本と技術支援の賜物なのだ。米ソ対立を擬態するのはなぜか。本当の敵をやっつけるためだ。

ドイツという本物の敵を打倒するには、米ソは分裂させておくことだ。国民を騙し、団結させるには、嘘の敵の存在が必要なのだ。

F　実に納得できる。共産主義のソ連と米英は対立していると、ドイツ人もヒットラーも信じ込んだ。ソ連と組んで（独ソ不可侵条約）、英仏と戦った。これってどういう歴史？

◉マルキシズムの欺瞞の仕組み

若　Ausbeutung（アオスベオトゥン）というドイツ語について、歴史も含めて解説してよ。日本人は「搾取《さくしゅ》」と簡単に理解している。

F　（搾取についての短い解説のあとに）……正確な日本語訳ではないなあ。「搾取」というのは、ユダヤ人に刻印された蔑視とその称号だった。アオスというのは、「ユダヤ人の野郎」といった意味だった。

この「搾取」（ドイツ語略。以下同）という言葉は、マルクスがブルショアジーの刻印として用いた理論用語だ。この理論用語で、革命理論を建てようと決意し努力したのがカール・マルクスだよ。「搾取」というのはユダヤ人への蔑称だったのだ。なぜなら、ユダヤ人に許された正業は、高利貸しだけだったからだ。

利子を取る、という行為が中世のヨーロッパで賎業とされたのは、貨幣の貸借の特性だったかもしれない。農地の所有が許されなかったユダヤ人には、生きる業《わざ》は限られていた。タルムード……知ってるかい？　いや知られているかな。一般には「ユダヤ民法」というくらいの認識だと……いや、ヨーロッパでもそうなのだ……日本だけの認識不足ではない。核心は「搾取」論だよ。

これは「終末論」の核心概念だ。メシア思想の黙示録、つまり選民対異教徒の決戦による終末論（エスカトロギー）という信仰だ。『資本論』を経済学の本のように研究する学者が日本には多い。そして『資本論』研究のレベルでは日本は世界では一流らしいが、私に

はなんとも奇妙だ。『資本論』は経済学の本ではない。

何の本かって？　「黙示録」の本なんだよ。

生産力と生産関係の矛盾が、「資本制」を突破して「社会主義」に至るというのは、黙示録そのものだ。最後にはサターンが現れ、世は終末を迎え、「千年王国」に至るが、その恩恵にあずかるのは、選民（イスラエル）たるユダヤ人のみという信仰さ。プロレタリアートとは、ユダヤ人のことではなく、ブルショアジーのことなのだ。

これは、禅宗の君にはけっして理解できないだろう（笑）。

若　もともと「資本主義」というイデオロギーはマルクス発の仮説にすぎない。実在するのは、自由な生産・販売の「体制」にすぎない。日本でいうと、鎌倉時代も江戸時代も、百姓・職人・商人その他が、互いに売り買いしたにすぎない。

「資本主義」なんてマルクスの発明品だ。これにはユダヤ人の搾取に対するヨーロッパ人の反抗思想が介在している。その思想を社会主義思想という。社会主義というのは、ユダヤ人の搾取からヨーロッパ人を解放する思想であり、運動だったのだ。

F　その通りだ。ナチスはその正式名称を「国民（国家・民族）社会主義ドイツ労働者党」

といったことを皆が忘れている。ナショナル社会主義が敗北したのであって、勝利したのはインターナショナリズム社会主義なのだ。

インターナショナリズムが正義となると、ナショナルなものは悪、無価値となる。コミンテルンの歌は「インターナショナル」だったが、「君が代」には、なにかナショナルな田舎くさい印象が刻まれていないだろうか。

インターナショナリズムが虚妄だとは、誰も言わない。ドイツ国歌を歌うと、ドイツ人が奇異な目で私を見る。「あいつはナチか」といった調子さ。右翼なんて、愛国者の意味を離れて、一種の商売だとみられる傾向さえある。……脱線修理（笑）。

ヨーロッパでのこの反ユダヤの社会主義の高まりを危惧したユダヤ人、**バリニッシュ・レビィ**㊻は、マルクスの生活を保障するかわりに、搾取するのは君主・貴族であり、国家だとするユダヤ人擁護の理論構築を依頼した。マルクスの卓越した言語能力が買われたわけだ。

マルクスの住んでいたロンドンのソーホー地区の当時の住居は、現代風に言うと都心の高級億ションだった。複数のメイドがいて、マルクスは大英博物館に通って『資本論』の執筆を進めた。困窮したマルクスが……というのは、作られた美談だ。

そして、マルクスは『資本論』の著述に没頭した。『共産党宣言』や『経済学批判』だ

けでは、マルクスは雑文家のレベルで忘却されていただろう。『資本論』という宗教書は経済学の一角を占拠するに至ったのだ。私が日本に来た目的の一つは、『資本論』研究の世界レベルを抜くという宇野弘蔵先生の著書を持ち帰り、研究したかったからだ。

若　宇野弘蔵理論にドイツ人の君が関心を寄せているとは驚きだ。

宇野理論はご承知のように、「三段階論」と呼ばれる。原理論、政策論、現状分析論の三段階論だ。たとえば、恐慌の必然性などは経済学の原理論のうちには存しない、という

㊻依頼者バリニッシュ・レビィがマルクスに宛てた手紙の一部　「メシアは団結せるユダヤそれ自身である。宇宙の支配は他人種の統一に、各個独立主義の城壁たる国境及び君主国の廃止と、ユダヤ人に対し随所に市民的権利を認むる世界共和国の建設によって保たれるであろう。全然同一種族でかつ全く同一の伝統的陶冶をうけているイスラエルの子孫、しかも特殊国家を形成していないイスラエルの子孫は、爾後地球の全表面に拡がりこの新しい人類社会の組織の裡に到るところ何らの抵抗なく指導要因となるであろう。殊に彼らの中のある学者の賢実なる指導を労働大衆に課するに至ったならば尚更のことである。世界共和国を建設したならば、国家の統治権は無産者の勝利によって何らの努力を要せずしてイスラエル人の手に移る。ここにおいて私有権は至るところ公共財産を管理するユダヤ人の支配によって廃止せらるるに至るべく、かくてメシアの時代の到来せる時、ユダヤ人は全世界の人民の財産をその鍵の下に掌握すべしというユダヤ伝統の約束は実現せらるるものと信ずる」

のだ。それは政策の当否による結果だ、とされる。いわんや戦争の必然性、そして革命の必然性などは政治論を含めた現状分析の分野であって、経済学とは分野を異にしている、というのだ。

私の母校の九州大学は、反宇野理論の拠点のように理解されていて、その派の重鎮の向《さき》坂逸郎《さかいつろう》教授が元気だった。向坂教授たちは、共産党系の学者たちの向こうを張る労農派の中心で、社会主義協会に拠り、左派社会党の理論的支柱と目されていた。そうしたアンチ宇野の雰囲気だったから、私などはかえって宇野弘蔵教授の本を読んだものだ。この派の若手の理論家の助教授が、私の卒業論文の指導教官だったのだ（笑）。この先生は本当に懐かしい。私の3部作を読んでくださったようで、わざわざ電話をくださった。「いっぺん議論しようぜ」と言われて、私は涙が止まらなかった。

そうか、宇野弘蔵教授の本がドイツに行くか。感無量なり、だな。

F　英訳された本があれば……。知らない？　私の日本語力ではな……。ああ、あと10歳若かったらなあ（笑）。英訳するよ。

若　君は私の日本語の本を読むじゃないか、しかも下手な文章を。宇野弘蔵先生の立派な

文章なら、きっと大丈夫だよ。

君の中国語は立派だ。なに？　中国語の原点は日本語だって？　……凄いよ、君は。今の共通中国語（北京官語）は、日本語が基本だ。魯迅《ろじん》や周作人《しゅうさくじん》らの努力の結晶だ。中国人は知らない。なぜかって？　略字体しか今の中国人は理解できない。

本来の漢字を中国人が読めると、中国共産党は困るのことよ（笑）。

またまた脱線の修復だ（笑）。

宇野弘蔵教授が明確に指摘されているように、「革命」は経済学で説明し得るものではない。それを説明できるものがあるとすれば、それは政治そのものでしかないのだ。マルクスが『資本論』第1巻の終わりに「革命」の「必然性」に触れたのは残念だと、宇野弘蔵先生は嘆かれるが、それは木を見て森を見ない類の理解だと、私は思う。

『資本論』の予言をいちばん信じていないのがマルクス自身だよ。マルクスは、プロレタリアートが世界を獲得すると言い、そしてそれを歴史の必然だと言う。

宇野弘蔵先生たちは、マルクスの強烈な倒置法に眩惑《げんわく》されている。プロレタリアートがブルショアジーに勝つというのは、倒置法なのだ。マルクスは倒置法叙述の達人なのさ。

プルードン（当時の社会主義者）の『貧困の哲学』を批判して「哲学の貧困」と罵倒した。プロレタリアというのは罵倒語である。「子供を作ることしか能のない奴」という意味の侮

蔑語だ。これが、世界を獲得し、疎外から人間を解放してくれるというのは、倒置法以外のなにものでもない。

原始共産制社会、古代奴隷制社会、封建制社会、資本主義社会、社会主義社会、共産主義社会という「社会発展段階説」は、ユダヤ神話が母体である。

はじめに調和のとれた神代があり、これが異教徒により乱され、そして最後にはまた神代にもどる……。ただし、この戻るときには終末の最終戦《ハルマゲドン》が起きる、という。『共産党宣言』『経済学哲学手稿』『経済学批判』へと連なるマルクスの著作と『資本論』のモチーフは同じだ。

要するに、彼の主張は、「おれたちが勝つ」というに尽きる。「おれたち」とは汚《けが》らわしいプロレタリアートではなく、「選民（イスラエルの民）」による世界を獲得する者たちのことである。

ここでインターナショナリズムを振り返ってみよう。国民的《ナショナル》なものを破壊された国民は、混乱し、腐敗し、解体し、滅ぶしかない。現在の日本の高齢不明者の問題の始まりは、GHQによる民法の親族法の「処刑」に始まる。家族法をズタズタにすれば、どんな国家も解体・奴隷化される。

今の世界で、家族制度の最も堅実なのは、ユダヤ人だ。乱れているのは、日本やドイツ

だ。ユダヤ人こそ家族の価値を最も大切にしている。日本もドイツも危険水域にいる。大戦の「武力戦」に敗れた。しかし、本当の敗北は戦後の「思想戦」ではなかったかな。私はそう確信している。ドイツ人はどう考えているのかな?

F　戦後の西ドイツの思想界を指導したのは、確かに君の言うフランクフルト・マルキストたちだった。

ナチスを生み出したドイツの思想界の総括を、彼らは言い募っていた。日本と同じさ。亢進《こうしん》したのはドイツ否定のインターナショナリズムだけだ。ドイツ国家という観念は冷笑された。ドイツの国民的《ナショナル》な要素の集大成がナチスだと弾劾された。そして、ホロコーストがドイツ国民の原罪とされた。ホロコーストは誇大なプロパガンダなどという言論は、地下に潜った。そして、窒息させられた。

君は大学で、恩師たちに逆らって自分の理論や思想を守り通したようだが（笑)、その核心は何か、それを私は知りたい。

若　自分でもよく分からないけど、66歳のときにスキーで怪我して、ベッドの上で毎日毎晩考えた（笑)。

結局は、母の実家が代々、神主だったことが土台かな、と考えついた。

ある国民・民族から国家意識と民族感情とを取り払い、一種の精神的国際人を作りあげる方法に、「自分の内心の声を聞く」という観想の心霊術の方法がある。この観想の念法には様々な流派・宗派がある。

よく、「実相論興って国滅ぶ」と言われる。般若《はんにゃ》仏教の空《くう》にせよ華厳《けごん》の実相《じっそう》にせよ、内心の声を聞くのに国境はない、という考え方に立つと、国家・国民という概念を脱することになる。内なる声によって母国を失うのである。だが日本の神は、あくまでも日本を離れはしない。神主の祖父の手伝いをした幼い思い出は、私たち兄弟の心の土壌を培ってくれた。私はマルキストたちの言うインターナショナリズムに、何か胡乱《うろん》なものを直感していたようだ。

一般に、仏教は個人の煩悩《ぼんのう》の実相を悟る、そして安心を得るという、個人の救済を土台にしている。だから、日本とか国家というもの、国民的《ナショナル》な契機は、仏教の思考には薄いのだ。

それに対して、神道は国民的《ナショナル》な習慣、習俗、伝統と堅く結びついている。桜というときの「サ」は古い日本語で〝田の神〟を意味した。

さつき、さみだれ、さなえ、さおとめ……というのはその名残だ。「クラ」とは神の家

とても理解したらよい。えっ？　……さおとめ、か。苗を植える乙女だよ。

もともと花見の習俗は、「さくら」への神事だった。秋祭りは、「さ」への感謝と「くら」へのお帰りを見送る神事だった。皇后陛下の「后」は、田・畑・大地を意味する。伊勢神宮は、外宮《げくう》、内宮《ないくう》ともに女神をお奉《まつ》りしている。内宮は太陽神を、外宮は実りの神をお奉りしているのだ。

こんな理由なのだが、ゴッドを「神」と訳したのは世紀の大誤訳だ。デウスでもゴッドでもよかったのだ。お宮に行けば、日本があるわけよ。お寺には日本はない。なに？　日本を感じるって？　それは君の文化感覚の問題だ（笑）。

F　そんな日本人がなぜ、マルキシズムに足元をすくわれたのだろうか。マルキシズムのごとき（笑）、インターナショナリズムになぜ、日本人が脆《もろ》くも魂を奪われたのか、私はそこが知りたい。

若　「新人会」という組織から語る必要があると思う。1918（大正7）年、東京帝国大学内に結成された。この「新人」とは「国もなく祖もなく歴史の呪縛もない、新たなる者」という意味だ。つまり、インターナショナリズムを信条・心情とする者ということだ。

日本各地の大学や高等専門学校内に「社会科学研究会」が組織され、1924（大正13）年には全国組織「学生社会科学連合会（学連）」が結成された。1926（大正15）年には「京大事件」あるいは「学連事件」として有名な最初の治安維持法違反者として37名の逮捕者を出して、社会に衝撃を与えた。その3年後の1928（昭和3）年には「3・15大検挙事件」に発展し、起訴された者は836人におよんだ。大部分はまだ18〜20歳そこそこの学生だった。

これは日本にとって一大事だった。治安維持法の取り締まりの対象は、「行動・運動」であって、思想ではなかった。思想には思想をもって対抗するという「思想」は日本には生まれなかった。マルキストは「右翼」の衣装を多くが着ていた。

だから、思想犯は普通の犯罪者とは違うという錯倒した観念すら生まれた。「特別高等警察」という思想対策の警察組織が生まれた。これは、日本の国家的敗北の原点なのだ。窃盗や殺人の犯罪者とは思想犯は違うという発想は、明治維新の志士を支持する思想に立脚している。証拠にもならないが、長州は日本の共産主義者の故郷だ。**野坂参三**㊼や**宮本顕治**㊽というのは、君は知っているよな。

昭和10（1935）年頃には、警察に引っ張られた者は8万人とされているから、「転向者」として口をぬぐって、素知らぬ顔をしていたマルキストは10万人を超えていただろう。

昭和10年にはコミンテルンの第7回大会で、「人民戦線」戦術の決定があり、共産党員は地下に潜ったわけだから、大正の時代（1912〜26年）にマルクス主義の洗礼を浴び、日本国家への忠誠心を放棄した人物は、昭和の10年代には35歳から40歳の年代になっていたわけさ。

政府・官庁・報道機関・企業・学界の指導的な地位を占めるようになっていた。これが、日本での現象、アメリカではニューディーラーの生態なのだ。繰り返しになって恐縮だが、ニューディラーの本体がフランクフルト・マルキシズムだとは、体系的には永く知られなかった。

イタリア共産党**トリアッティ**㊾らの「構造改革」と勘違いされていた。

そうそう、**グラムシ**㊿もそうだ。フランクフルト・マルキシズムでは、騙しも可なり。本心を隠して潜伏し、権力の要路を制圧し、そして革命の道を準備せよというのだから、日

㊼**野坂参三**　（1892＝明治25〜1993＝平成5）山口県田布施に生まれる。1928年の3・15事件で逮捕の後、ソ連に亡命、コミンテルン（共産主義インターナショナル）日本代表となる。第二次世界大戦中は中国の延安にあって中国共産党に協力。戦後、日本共産党の帝王と呼ばれたが、ソ連時代の裏切り行為が発覚し、1992年日本共産党を除名処分。

㊽**宮本顕治**　（1908＝明治41〜2007＝平成19）山口県田布施に生まれる。1958年に日本共産党書記長に就任、以来40年にわたって党を指導。

本はしたたかに内外のマルキシズムにやられて、戦争に敗北した。日本人300万人の英霊は、浮かばれない。日本の現政府だってこうした連中によって占拠されている。具体的な人名は控えるが、典型的なフランキストが民主党政権の中枢にもいた。

◉軍事的な敗北の前には思想的な敗北が必ず先行する

F　話は分かる。だが、日本は一方的に戦争に引きずり込まれた哀れな被害者だったのだろうか。日本の自己責任というのは、コミンテルンとは別に、存在していないのか。日本の思想的弱さ、といった問題はないのか。神道とマルキシズムでは、すれ違いが大きすぎるのではないのか。明治維新以来の日本の成功は確かに素晴らしい。ただし、物質的なそれだ。日本は、法学、軍事、科学、工学、経済など近代化のためには、西欧に依拠した。ただ、日本が分からなかったのが、ユダヤ人問題だった。

❹❾**パルミーロ・トリアッティ**　（1893〜1964）グラムシの雑誌『新秩序』のメンバーで、グラムシ投獄後のイタリア共産党の指導者。同党を欧州最大の共産党組織に育て、ユーロコミュニズムの潮流を作る。
❺⓿**アントニオ・グラムシ**　（1891〜1937）イタリア共産党創設者の一人で同党書記長。モスクワでコミンテルン執行委員の後、帰国時にムッソリーニに逮捕され、出獄直後に死亡。『ヘゲモニー』を著す。

この理解に失敗した日本は、「帝国主義」の知性の獲得に失敗したのだ。

軍事的な敗北の前には必ずや、思想的な敗北が先行している。

諜報、情報能力の徹底的重視とその構築、というのが帝国主義の知性だ。

少しだが、私の経験を話したい。

私は文化人類学を専攻分野としている。対象は中国だ。私は中国語の習得に、アメリカのイェール大学に行った。中国の大学ははっきり言って、学問をやるための中国語習得、つまり読解力の習得には、駄目だ。会話なら中国の大学で十分だ。読解力が第一だ。イェール大学ではこうだ。月・水・金は講義110分、火・木は80分で一単位。最初の春学期は英語を交えた中国語の授業だ。5月からほぼ4カ月間の夏休みだ。この夏休みが勝負だ。それぞれに中国語学校に通う。教師？　……中国人もいるが、それは会話用中国語の教師で、ほとんどがアメリカ人だ。9月からの秋学期には、授業は全部、中国語だ。それも読解主体だ。一単位は先に言った時間だ。教授が英語で書いた論文をまずは中国語に訳す。11月の頃になると1週間に読まねばならない中国語の本は5冊は最低だ。授業は学生のコメントがほとんどだ。英語は完全にゼロ。そして、教授は例外はあるが、全員がアメリカ人だ。彼らは中国専門家なのだ。使われる文字は正字体だ。

この事実を忘れてはいけない。アメリカには膨大な中国研究の専門家がいるのだ。

卒業したら、それぞれの職場に雇われていく。繰り返すが、層の厚い中国研究の専門家がいる。日本研究の専門家、ロシア、南米、インド……みな同じだ。日本人はほとんどが、こうした事情を知らない。

彼らは中国に来ても、中国語はほとんど喋らない。話しても、いかにもアメリカ人としての中国語で話すだけだ。

「帝国の知性」というのはそうやって形成されていく。私はもちろん、ドイツでは中国研究の専門家だ。「易姓革命」、これが私の専門となっている。

国際会議の場で冴えない日本人、というのは、日本の大学教育に根がある。国益を担う人材の育成を日本は放棄している。日本はここまで敗北したのかというのが、私の悲しい実感だ。

若 君の悲しみを私も共有する（笑）。国家の力とは、一面では情報力だ。「満鉄調査部報告」で北進政策が曲げられた、というのは一例に過ぎない。日本人がドイツに留学しても、ドイツ研究の専門家になりに行くのではない。ドイツをただ学びに行くだけだ。ドイツを研究しに行くのではない。

24歳の私に日本政府が与えた任務は、次の二つだつた。

一、語学研修に努めよ
二、西ドイツの通産政策の大綱を考究すべし

当時の西ドイツの復興の目覚ましさは、日本の目標、モデルでもあった。ドイツに負けるな、という雰囲気だった。アメリカに負けるな、ではなかった。日米の格差は絶望的だったからね(笑)。

そんななかで、アメリカではフルブライト財団が奨学金を出してアメリカ留学生を募っていた。数百倍の倍率で希望者が群がっていた。そして、アメリカに留学して、完全なアメリカ派の専門家として、日本に帰ってきた。人名は控えるが、彼らは現在でも完全なアメリカのエージェントとして各界で暗躍しているよ。

まさに「帝国の知性」だよ。

◉中国の野望は日清戦争のリベンジ

F　日本の中国研究も朝鮮研究も、そしてすべての研究が単なる学問的な成果としてではなく、長期的な国益の土台として認知されねばならない。ジャーナリストたちの情報だけ

では……表層的で短期的な情報だけでは……決定的に不足している。官僚たちのブリーフィングだけに頼って国際会議に臨む政治家は、国賊だ。

日本はまず精神的に独立しなければならない。そのためには、歴史的、文化的、習俗的な研究の上に立つ知的な土台に立たねば、アメリカや中国という帝国との勝負に勝てるわけがない。まさに「帝国の知性」だ。

物騒なことを言うようだが、中国の野望は日清戦争のリベンジだ。日本の歴代政権は言うまでもないから省くが、日本人の意識の深層にはこの危機感が潜在していると思う。ただ実に残念なのは、これを見据えている中国専門家が日本にはいないということだ。

いざとなれば、アメリカは今の日本だったら見捨てるさ。

若　集団的自衛権は保有はしているが、憲法の縛りによって行使できないなどというのは、アメリカは呆れてものが言えないのではなく、あえて言わないのだ。
米艦を狙って飛来してくるミサイルを、並走している日本の艦は迎撃できない、しかし、逆の場合は米艦は日本艦を守る義務がある……というのは、アメリカには絶好の免罪符だ。アメリカはだから、不都合も言わないし、抗議もしない。まさに、帝国の知性だよ。こんな簡単な真実を、日本の政治家は誰も言わない。中国はほくそ笑みながら眺めている。

これは極めて危険な光景だ。誤ったメッセージと化す危険だ。
「核の傘」という欺瞞が通用している。日本防衛のためにアメリカは核を用いてくれると
いうのだ。多数のアメリカ国民の死を日本防衛のために提供してくれる、というのは帝国
の知性にはない。そんなことは不可能だ。
空母部隊の整備にとりかかった中国海軍に対して、アメリカがいかなる対応をするかを
日本は真剣に見極める必要がある。そのとき、頼りになり、あてになり得る実力を日本が
持っていなければ話にならない。
アメリカの原子力空母のメンテナンスはすべて日本の港（横須賀、呉、佐世保）であり、
サンチャゴにはその能力はない。整備に当たるのも日本人だ。かつての民主党政権下では
無理だったが、日本人は真剣に空母部隊編制の下打ち合せに入る時期にいるのだ。
日本人の多くが知らないのが、「核シェアリング」についてもだ。ドイツ、イタリア、
オランダだって実質的に核武装している。フリッツ先生、これについて解説してよ。
F　「核のボタンの共有」ということだよ。ドイツに配備されているアメリカの核は、発
射ボタンをドイツとアメリカが共有している。イタリアもオランダも同じだ。イギリスの
核は潜水艦搭載だから、別だ。日本は非核3原則とかで「持ち込ませず」だから、前提が

全く違う。そのくせ日本には米艦への立入り調査権はないのだから、アメリカは微苦笑するだけだ。

こうなった経過は知っているが、日本は自分から弱い立場にいるようだ。

若 日本人の中には、支那（中華人民共和国だけではない）について、甘い受容的な感覚を持っている者が少なくない。法治の日本と、人治の中国、というテーマで話をしてもなかなか理解が得られない。

大陸経験のある日本人ならすぐ、日本人と中国人の違いを理解できるが、人治と法治というカテゴリーでいいのかどうか、自信がなくなってきた。日に日に中国人との接触が深まっているというのに、日本人には危機意識が希薄だと思えて仕方がない。中国専門家のフリッツ先生に、ご講義願いたいのだが。

F 人治と法治という概念は正しい。敗戦後、あれほどアメリカからの攻撃を受けながら、つまりは日本人の場合は7年間の追撃戦を受けながら、日本人は法治を捨てなかった。

つまりは日本人の国体《こくたい》（コンスティテューション）は破壊されなかった。江戸時代でも武士の刀は、身分のシンボルに過ぎなかった。「斬り捨て御免」というのは、ほとんど建前だ

け。「**鯉口三寸、身の破滅**51」が現実（笑）。なんで笑うの？　語彙《ごい》への感嘆だって？　……ありがとう。

常識・納得が法治、だよな。百姓を武士が斬り捨てにして、収まるわけがない。君の先祖はサムライと聞くが、承知だろう。

人治はまったく違う。中国は人治の国だ。敵は殺せ、が人治だ。敗戦後の台湾が、この違いを身をもって経験した。台湾の人は「犬（日本人）が去り、豚（中国人）が来た」と言うが、日本時代に指導的立場にいた台湾人は、多くが殺された。

2・28事件52というのは、蒋介石軍の「支配者は代わったぞ」という銃による宣言だった。道理も規範も、関係ない。敵は殺せ。

これが中国の伝統だ。易姓革命というのは、敗れた前政権は殺される、という事実の説

51**鯉口三寸、身の破滅**　鯉口（こいくち）とは刀の鞘の入り口のこと。鯉の口の形に似ているため。刀を、鞘から三寸（約9センチ）抜きかけただけでも、御家は断絶、本人は切腹というのが、江戸時代の武士のルール。

52**2・28事件**　1947年2月28日に台湾の台北市で発生、台湾全土に広がった。日本軍の武装解除を行うために来た中華民国軍の暴虐に怒った本省人（台湾人）と外省人（在台中国人）との間に起きた大規模な抗争。日本統治時代に高等教育を受けたエリート層が次々と逮捕・投獄・拷問され、少なくとも2万8000名が処刑・虐殺された事件。

明だ。「生きて虜囚《りょしゅう》の辱《はずかし》めを受けず」という日本軍の兵士の戒め（戦陣訓《せんじんくん》）は、中国での生々しい現実の体験が語られているのだ。捕虜になったら、なぶり殺され、喰われさえした。腹を割られ、陰部は切り取られた戦友の無残な死体を見て、「捕虜にだけはなるまい」と日本兵は誓い合ったのだ。恐怖と暴力の支配、が人治だ。

人治と結合した中国マルキシズムは、人間を屠殺した。

私はナチズムを擁護するのではない。そうではなくて、ナチズムを熱烈に支持したドイツ国民の真意は何であったのかを、私は問いたいのだ。

日本人は追いつめられて、銃を取った。真珠湾攻撃が騙し討ちだったというのは、アメリカの絶対の恥部だ。日本によるアメリカ攻撃を、アメリカは必要としたのだ。

これはアメリカに居た私の確信だ。アメリカは、戦前の対ドイツ情報は開示した。しかし、対日本情報は絶対に開示しない。ここに鍵がある。永遠に公開しないだろう。アメリカ外交の道徳的基礎が崩壊してしまうからだ。アメリカは、日本の参戦を絶対的に必要としていたのだよ。

◉満洲事変～大東亜戦争の原因は日露戦争後の桂・ハリマン協定の破棄

若　本来、社会主義というのは、ヨーロッパで起こった反搾取・反ユダヤの国民運動だっ

た。それを換骨奪胎《かんこつだったい》して、インターナショナリズムに入れ替えたのが、マルキシズムの社会主義だ。ユダヤ人が最も多く住み、そして最も迫害されていたのもロシア帝国だった。日清戦争（１８９４＝明治27～１８９５＝明治28年）の日本勝利により、朝鮮が清帝国から独立した。すかさずロシアが侵入し、日露戦争（１９０４＝明治37～１９０５＝明治38年）となる。敗北したロシアは賠償金から逃れることができた。それは講和を仲介したセオドア・ルーズベルト米大統領の計らいによる。ロシアは仏独の金融家から莫大な融資を受けている。**日本も莫大な融資**❺❸を受け、返済を続けている。日本の場合は、開戦の前年の年間予算は２億３０００万円、しかし戦費に18億円のポンド建て融資を受けている。

ロシアが日本に賠償金を払えば、日本はそれを返済に回すに間違いない。そんな間尺《ましゃく》に合わないことはない。ロシアと日本の双方から返済を受けるのが、商いの道というものだ。

賠償金無し、という講和に日本人は憤激し、戒厳令が布告された。ルーズベルトの意を受けた鉄道王エドワード・ハリマンが講和成立の直前に訪日し、桂・ハリマン協定を結ぶ。

❺❸**日露戦争資金の返済**　日本がクーン・ローブ商会とイングランド銀行に完済したのは82年後の１９８６（昭和61）年。金利は国際標準相場の年利20％といわれている。

要するに、南満洲鉄道などの共同経営の協約である。
帰国した小村寿太郎外相は、この協定を破棄する。ルーズベルトたちは激怒した。彼らは満洲と中国への進出を望んでいたから、無賠償の日本の窮状を見据えていたのである。ハリマンは「鉄道王」と謳われていたが、彼らの「夢」は世界交通の実現にあると、喧伝された。

F 世界交通？ それ何？ チベット鉄道のこと？

若 それには二つある。ひとつはシベリア鉄道の経営権の掌握に成功したら、旅順・大連からシベリア鉄道経由で**リバウ港**[54]からニューヨークへの太平洋航路とむすんで……という構想が一つ。もう一つが、天津から中国を横断し、チベットを抜けてエーゲ海に出るという構想だ。

桂・ハリマン協定の破棄を通告されたハリマンは激怒し、「10年以内に日米は開戦するだろう」と演説している。ルーズベルトは日本を仮想敵国とした「**オレンジ計画**[55]」の策定

[54]**リバウ港** 現ラトビアのリエパーヤ。バルチック艦隊の母港でもあった。

を開始している。さらに、帝国の知を発揮するわけだ。

アメリカは大韓帝国からすべての外交公館を引き揚げ、日本に韓国の併合を示唆してきた。韓国併合を推進した韓国政府外交顧問のスティーブンソンは、サンフランシスコに上陸したとたんに韓国人によって暗殺されている。

ルーズベルトも「日露戦争の原因は韓国の外交的不道徳が原因」と小村寿太郎外相に公言し、併合を示唆している。外交的不道徳とは、露韓密約などを指しているのだが、バルチック艦隊の消滅により太平洋において、日本海軍に対抗できるシー・パワーが存在しない現実のなかで、フィリピンの米統治への日本による保証を得たいという術策（マヌーバー）でもあった。

韓国民は難治の国民だと、アメリカの帝国の知は研究の成果として熟知したわけだ。こ

❺❺**オレンジ計画**　1919（大正8）年にアメリカで策定された、日本を仮想敵国とする軍事シミュレーション。「日本が先制攻撃により攻勢に出るも消耗戦を経てアメリカが反攻に転じると、海上封鎖された日本は経済破綻して敗北する」というシナリオで、真珠湾攻撃に始まる実際の太平洋戦争もこれに近い経緯を辿る。アメリカ国内や対英国戦など世界中の国を対象とした20色以上に及ぶカラーコード戦争計画の一つ。1939（昭和14）年、カラーコード戦争計画は、連合国対枢軸国を想定した「レインボー・プラン」に移行する。

の国民の統治を日本に背負わせる、そして日本は日露戦争の借金がある。マヌーバー《術策》という意味……分かってくれるかなあ?

伊藤博文は併合に反対だった。韓国の自立を助ける、というのが伊藤博文の立場だつた。2010年には併合から100年を迎えた。日本の首相は謝罪談話を発表した。植民地支配により苦痛と損害を与えたことを謝罪するというのだが、こんな形の謝罪は、必ず賠償という銭《ぜに》の話になる。1965(昭和40)年の日韓基本条約により、一切の請求権は存在しないという確認を、そう国際条約でだよ……交わしているのだから、「談話」で変更などとは憲法違反事件だ。

それから、伊藤博文暗殺は韓国人安重根の銃撃による、というのも嘘だ。この件は別のところで詳しく話しておいた。ここでこの話題に入るのは脱線(笑)。

F 興味はあるのだけど、本筋優先か(笑)。

若 問題は第一次世界大戦だ。1913年にFRBがアメリカに設立された。ドルの発行元のアメリカの中央銀行だと誰もが考えた。ヨーロッパとアメリカの主要な銀行の連合体だ。FRBの「B」はバンクではない。ボード、つまり理事会だ。ここがドル紙幣を印刷

し、それをアメリカ政府が借り、アメリカ国民が納税し、利子をつけて返済する。

翌年の1914年が大戦勃発の年だ。発端の詐話に触れておこう。

オーストリア・ハンガリー帝国の皇太子夫妻が暗殺されたサラエボ事件が発端だった。これは事実だ。しかし、事実と真実は別だ。暗殺犯はセルビアの民族主義者の不良青年とか、報じられている。高校の教科書もそのように書く。

しかし、これは詐話である。1903（明治36）年にはセルビアでは共産主義者の軍人たちによるクーデターがあり、国王、同妃、閣僚たちは殺害されていた。つまりレーニンたちの同志がセルビアの権力を握っていたのだ。

レーニンの同志たちはロシア民族主義者に擬態し、汎スラブ主義を煽りまくっていた。そして、暗殺の実行だ。オーストリア・ハンガリー帝国がセルビアに宣戦することは眼に見えている。そのとおりにオーストリア・ハンガリー帝国は宣戦した。スラブの盟主であるロシア帝国はセルビアを助けなければならない。ロシア帝国が参戦した。独英仏もだ。世界大戦はこのようにして創造された。

資本主義は、帝国主義の段階に達すれば「帝国主義戦争」を生むというレーニン主義は真理であることが、このようにして証明された……のである。

レーニンとトロツキーの革命と呼ばれた、この「ユダヤ・クーデター」（当時はこう呼ば

れた）は、武器と資金はアメリカとヨーロッパの銀行家たちにより賄《まかな》われた。これがロシア革命の真実だ。プロレタリアート革命というのは詐話である。当然に、共産主義革命というのも、粉飾決算である。

F 似た説は聞かないではないが、異端の扱いを受けている。ロシア革命という20世紀の運命を左右した出来事は、国際的な金融家たちの支援を受けたユダヤ人のクーデターだったというのは、もう少し説明が欲しい。

若 1917年3月、ニコライ2世が退位し、臨時政府が樹立された。4月にはレーニンがドイツ参謀本部などの援助で「**封印列車**㊻」で帰国して、「**4月テーゼ**㊼」を出した。臨時政府はブルショア政権であり、これを打倒してプロレタリアートと農民による「**ソビエト**㊽」の樹立を呼び掛けた。当時のロシアでプロレタリアートという存在は、ほぼゼロ。臨時工

㊻**封印列車** 1917年のロシア2月革命後、スイスに亡命中のレーニンらボルシェビキ32名の革命家たちが、敵国ドイツを通過してロシアに戻った封印された列車のこと。ペトログラード（現サンクトペテルブルク）に到着翌日、レーニンは演説で「4月テーゼ」を発表。封印列車の工作には明石元二郎陸軍大佐も関わっていたとされている。

を入れても労働人口の1％いたかどうか。6月には反戦デモが起き、臨時政府の軍隊がこれに発砲した。

準備を進めていたボルシェビキは武装蜂起に出た。この「革命」は2月革命のような大衆の決起、立ち上がりではなかった。ひと握りのボルシェビキによる軍事行動であって、10月24日夜半から25日にかけて首都の中枢部を制圧したクーデターでしかなかった。人口の90％を超える農民の支持は全くと言ってもいいほどなかった。

プロレタリアートと農民の同盟、という詐話がこうして作られたわけだ。

そして、農民の土地は「社会化」、つまり「国有化」され、富農は殺され、逆らう貧農も虐殺され、飢餓輸出が強行された。この代金は、帝政ロシア時代の借金の返済に充てられた。

㊼4月テーゼ　レーニンが1917年4月に発表したボリシェビキ党のとるべき革命戦略の要綱。臨時政府の下でも第一次世界大戦は依然として帝国主義戦争であった。臨時政府をいっさい支持しない、労働者代表ソビエトはただ一つ可能な革命政府の形態であり、全権力をソビエトに移し、議会制共和国ではなく労農ソビエト共和国の樹立を目指すべき、とした。社会民主党から共産党への党名変更、第三インターナショナルの創設にも言及。

㊽ソビエト　元来はロシア語で「会議」「評議会」の意味であったが、ロシア革命の進行とともにプロレタリア独裁の権力機関、およびその権力形態を指すようになった。

こうした間隙をぬってアメリカは、名を騙《かた》り、シベリアに多数の鉱山を経営した。ソ連をアメリカの敵国と考えるのは詐話に嵌《はま》っているからだ。アメリカとソ連は、双頭の何とかなんだ。えっ？　冷戦？　それは巨大なフィクションだ。

F　実にショックだ。この部分だけは何か裏付ける文献がないかな。単なる会話では放談にすぎなくなるよ。中国はどうなんだ……となる。私の専門分野だ。

若　文献だって？　『ソ連共産党史』はこう書いているよ。「10月革命は、人類の歴史に新しい時代……社会主義と共産主義という幕を開いた。レーニンの祖国ロシアは、世界社会主義の端緒を開いた」（1969年版）とね。ロシア革命は人類の未来を告げるものだったと書いて、それから74年たってソ連は崩壊した。

- 10月の事件は革命ではなくクーデターであった。
- ロシアの国民は粛清その他により6600万人が犠牲になった。

1991（平成3）年6月1日、モスクワでの「民主ロシア」集会で、エリツィン大統

領は次のように演説した
「我々の国は幸せではなかった。この国はマルクス主義の実験をすべく運命づけられた。この実験は我々の祖国で開始されたが、結局のところ、マルクス主義の理論など存在する余地がないことが証明された。この理論は我々を、世界の文明国がたどった道から踏み外させただけであった」
「ロシア革命は、ロシアの歴史におけるだけでなく、全人類の歴史における、最大の惨事（カタストロフィー）であった」（『ロシアの理念』レオニード・イリン）
ともあれ、74年間の「社会主義の実験」は終わったのである。
この間、ソ連共産党によって殺された人の数は、６２００万人に達するという（モスクワ放送「ロシア革命80周年記念番組」１９９７年11月６日）。
死者の数については、ＮＫＶＤ（後のＫＧＢ）によって銃殺された者は５００万人と同番組では述べている。これらの死者のうち99・９%は無実であったと、シェバルシン元ＫＧＢ議長代行が述べている（１９９８年１月19日、読売新聞のインタビュー）。
文献なるもの……これくらいでいいかな？　自宅の書庫に行けばまだまだあるけれど？
Ｆ　いや、十分だ。君と話していると、中国の成立もどうも怪しくなってきた（笑）。

中国の社会主義化は、蒋介石軍が毛沢東軍に追い落とされて、ソ連軍の後ろ盾で社会主義化がなされた。これに抵抗したのは、実は日本だけだった。

東条英機元首相が処刑当日に遺言しているよな。「アメリカに対して、遺言する。アジアの赤化《せきか》を防止してくれ。赤化の防壁だった日本を破壊したその愚を省みよ」という趣旨の遺言だが、歴史を省みて、その意味の重さに打たれる。ヒットラーも東条英機も稀代の悪人になっているが、歴史を知るということは、本当に大切だと痛感するよ。

若　君に聞きたい。中国は大丈夫なのかい（笑）。アメリカと中国は、根は同じだ。「両建て主義」で、ソ連は「マルクス主義は役に立たない」と切り捨てたが、中国も「偉大なるマルクス・レーニン主義」とは言わなくなった。むしろ偉大なのは「ＧＮＰ」だ。ジャーナリスティックな次元ではなく、中国専門家としての君の意見を聞きたい。

端的に聞くよ。日中戦争はあるだろうか？

F　当然に、あるさ。それは日本人の愚問だ。日本は中国に対してまるで備えていない。だが、中国は必勝の備えを進めている。これは戦争必発の法則だ。アメリカは日本を捨てるだろう。なぜか。アメリカのためだ。

日本人は理解していないが、ソ連はアメリカ製の分国だった。ただ、スターリンはアメリカを裏切ったのだ。中国大陸まで、アメリカはソ連に渡すつもりはなかった。

ヤルタ会談での密約を破って、スターリンは中国を自分の支配下においた。破約に気づいたルーズベルトは、天国に迎えられた（1945年4月12日）。

ホワイトハウスに入ったトルーマン大統領はヤルタでの密約を知り、腰を抜かした。

ソ連の対日参戦の密約を知り、トルーマンは原爆投下を実行することに決めた。姑息な手段に出たわけだ。ポツダム宣言の中にあった**「立憲君主制」の文字を消した**[59]のだ。日本人の降伏を遅らせるマヌーバーだ。8月6日、9日の原爆投下は、マヌーバーの結果だ。

ヤルタの密約？ ……君の本に詳しいじゃないか。それでは著者に解説しよう（笑）。

1943（昭和18）年11月での予備会談で、ハル国務長官はモスクワで次を約束した。

125億ドルの資金援助・トラック40万台・航空機1万5000機・戦車7000輌・武器弾薬480トン・ソ連軍70個師団分の装備・食糧を提供するから、ドイツ降伏後には、対日参戦する。日本の北方領土と東欧の支配権はソ連に渡す。そして、支那と満洲は蒋介石、つまりはアメリカに、という密約だ。

これが1945（昭和20）年2月の**ヤルタ会談**[60]さ。ドイツの敗色は明白だった。

このときのルーズベルト首席補佐官が、**アルジャー・ヒス**[61]だ。

そして、ルーズベルトは4月12日に急死だ。ドイツは5月9日に降伏した。自然死でないとみるのが自然だ。

若 アメリカは、満洲をソ連が手にするとどういうことになるか、考えが及ばなかった。実に単純に、ソ連は満洲を蒋介石（アメリカ）に渡すと考えた。この時期にはドイツの敗

㊾「立憲君主制」の文字を消した　1944年当時の日米終戦秘密交渉の中で天皇制維持は米側から約束されていたが、原爆完成が間近となり、これを日本に使用するために交渉文章から天皇制維持を削除、天皇制維持を外された日本側は終戦案に同意できなくなった。長崎への原爆投下と同時にアメリカはラジオ放送を通じて天皇制維持を報じる。毎夜アメリカの短波ラジオ放送を聴いていた昭和天皇は終戦を決意する。天皇が夜毎アメリカのラジオを聴いていたのをアメリカ側は知っていた。天皇の側近である木戸幸一が義理の甥である都留重人に伝え、東京・狸穴（六本木飯倉）のソ連大使館に出入り自由だった都留が、これをスターリンに上奏、スターリンからルーズベルトに昭和天皇のラジオ情報収集の件が伝えられた。天皇はポツダム宣言受諾決意に際して、阿南惟幾陸軍大臣（大将）に「死ぬなよ」と伝えたが、阿南は8月15日に切腹。その際の遺言が、「米内（海軍大臣）を斬れ」だった。実際の原爆完成は当時最先端だったドイツの原爆開発チームを、ベルリン陥落前後の3〜4月にアメリカ国内に連れ帰り、トルーマンがポツダム会談（7月17日）に向けてニューヨーク港を出港した翌日のこと。マンハッタン計画で爆縮計算を担当したコンピューターの生みの親でもあるユダヤ人フォン・ノイマンは京都への投下を強く主張したが、京都を新婚旅行で訪れた戦争長官スティムソンが京都と奈良を対象から外したとされている。

北は明らかだった。もしアメリカに透徹した「帝国の知性」があれば、ドイツの崩壊を止めるべきだったのだ。しかし、これは無いものねだりだった。

ルーズベルト政権の中枢にはソ連のエージェントが多数潜入していたし、ルーズベルトたちはスターリンの「東部国境戦略」が分かっていなかった。

ソ連は東部国境の満洲の日本軍の北進を絶対に阻止しなければならなかった。だからあらゆる謀略の限りをつくした。**張作霖**[62]の爆殺はその一例にすぎない。

ヤルタ会談での米英ソ首脳

⑥⓪ヤルタ会談　1945年2月4日～11日にクリミア半島のヤルタ近郊で行われた英・チャーチル、米・ルーズベルト、ソ連・スターリンの首脳会談。日独の敗戦が決定的となり、戦後のドイツ分割、国際連合設立、ソ連の対日参戦などが協議された。ヤルタ密約は、ドイツ降伏後にソ連が日ソ中立条約を一方的に破棄して参戦し、樺太・千島列島を占領することを決めた3国の秘密協定。東西冷戦幕開けの象徴的な会談でもあり、東西冷戦をヤルタ体制とも呼ぶ。

⑥①アルジャー・ヒス　（1904～96）ルーズベルトの側近としてヤルタ会談にも出席。赤狩りで有罪判決。ヴェノナ文書によって、GUR（ロシア連邦軍参謀本部情報総局）のエージェントとして長年スパイ活動をしていた事実が明らかになった。

Ｆ 張作霖の暗殺は、日本人の河本大作大佐たちの工作と聞いているが……？

若 当時、イギリス諜報部が4カ月かけて調査している。そして「主犯はソ連だ」と報告している。文書番号「Wo 105. 5750. M 12. OCT. 1928」がそれだ（月刊『Ｗｉｌｌ』２００９年1月号掲載の中西輝政京大教授の論文参照）。

また、ソ連崩壊後に機密資料の類が次々に表に出ている。例として、**ミトローヒン文書**㉓がある。これらによれば、張作霖爆殺の実行組織の名は「グリーシカ」。組織の責任者の

㉒張作霖爆殺事件　１９２８（昭和3）年6月4日、中華民国・奉天（現瀋陽市）近郊で起きた列車爆破事件。１９１１年、孫文らの辛亥革命を経て臨時大総統職を移譲された袁世凱が北京政府を樹立。軍閥割拠の中で日本の支援を受けた馬賊・張作霖（満洲奉天軍）が最終的に北京を押さえるが、蔣介石の南京国民政府の北伐に敗退。奉天に撤退する途中、鉄橋に仕掛けられた爆弾によって爆殺された事件。一般に犯人は関東軍司令部と河本大作大佐とされているが全くの偽史である（㉓㉔参照）。張作霖の息子・張学良は１９３６年12月12日、蔣介石を西安で拉致監禁、共産党・周恩来に引き渡し、国共合作が成立（コミンテルンの指示による西安事件）。蔣介石は反共から抗日へと転換し、１９３７（昭和12）年7月7日の盧溝橋事件を契機に太平洋戦争へと繋がる日支戦争が始まる。西安事件こそが日支事変の原点である。主犯は、スターリン・毛沢東・周恩来たち。

名はナウム・アンチゴン、副長の名はメルニコフ。アンチゴンの名はトロツキー暗殺で有名だよな。河本大作は1953（昭和28）年に**太原の捕虜収容所**[64]で処刑されている。

最大の工作が、西安事件だ。これにより、支那事変が決定された。

F 弱かった中国は、国家の体裁もなさなかった。電力やレアメタルなどの地下資源はドイツに、税関はイギリスに押さえられ、ベトナムのような朝貢国はフランスに押さえられていた。そんな弱い中国を励まし、力づけたのは日本だった。人材を呼び、日本で学ばせ、日露戦争のあとは、中国は科挙を廃止し、代わって日本留学を官吏採用の条件にしたほどだ。「慕《ぼ》日《にち》」とか「師日《しにち》」とか言った。

張作霖爆殺事件の現場写真

留学できない青年のために上海や南京には大学を創設し、近代化を教えた。あの江沢民は南京中央大学で学んだ。彼の愛唱歌は「海ゆかば」だ。

日本の願いは、幕末以来、日中が手を取り合い、アジアを守ることだった。日本は列強の一つとして、アジアを植民地にしようとしたわけではない。日本弁護が過ぎると、批判されるかもしれないが、日本はそんな国ではなかった。台湾、朝鮮、満洲を見ればよい。私の友人の台湾人（高砂族）の大学教授は、「日本の統治時代が最高だった。われわれは日本人のままでいたかった」とさえ真顔で言う。

朝鮮人は別だよ。あの国には真実は通用しない。大恩ある日本に対して、逆さまのことを言いたい放題だ。日本の首相が詫びの談話を出したが、次は金銭を要求してくるよ。

㊸ミトロヒン文書　KGB第1総局のチーフディレクターだったワシリー・ミトロヒンが、1992年4月、2万5000頁の機密文書と共にイギリスに亡命。KGBの諜報活動・プロパガンダ・エージェント網が網羅されており、「ユダヤ人陰謀説」は最も成功したKGBのプロパガンダの一つとされている。フランスでは共産党が壊滅的打撃を受け、イタリアでは国会議員の3分の2が入れ替わる大政変に繋がった。日本では、朝日新聞を筆頭に大手新聞各社の幹部がエージェントであり、日本人に誤情報を流して世論誘導を行ったことが暴露された。

㊹太原の捕虜収容所　北京南西500キロ、山西省の省都。紀元前5世紀、趙氏が拓いた晋陽が始まり。張作霖爆殺の首謀者として行政処分を受けた河本大作は、満鉄理事、満洲炭坑の理事長に就任するが鮎川財閥に満洲を追われ、国民政府の山西軍閥・閻錫山（しゃく・えんざん）の事業を接収した山西産業を一大コンツェルンに育て上げる。日本敗戦後、国民党が共産党軍に敗れると、5600人の日本人の山西残留事件が発生。河本大作は獄中で死亡。

日中連合はヨーロッパ列強と、アメリカが容認するものではない。

ソ連が生まれ、ドイツが復興してくると、国際事情はさらに複雑になった。

日中の仲を裂き、戦わせること、それが米英の狙いとなったのだ。

日本は孫文からひどい目に遭わされ、騙された。結局は蔣介石と汪兆銘《おうちょうめい》とが、列強とソ連に引き裂かれた中国を担うことになった。

蔣介石は自分が学んだ日本を、そしてアジアを裏切り、自分も凋落した。汪兆銘は敗戦の日本を知らずに日本で病死した。

世界の人々は、特にアジアの人々はよく知っている。

日本の戦いだけが、正義のそれだったことを。

ドイツの戦い？　……ドイツにもドイツなりの正義はある。ドイツ民族には少なくとも、生きる正義、民族生存の正義はあった。しかし、日本の戦いは異質だった。

若　ありがとう。涙が出てくるよ。
日本政府の閣僚は全員が靖国神社を黙殺した。それなのにドイツ人の君がなあ……。

F　「帝国の知」を思い出せよ。日本を守れるのは、日本人の魂だけだ。ドイツを守るの

も、ドイツ魂だ。日露戦争のときの日本の軍艦は、ほとんどが輸入品だった。それから20年足らずで、日本人は世界一の戦艦を自力で造った。長門、陸奥だよ。なにがこんなことを可能にした？　それは日本人の魂だよ。世界は警戒して、航空機の航路はビルマ（当時）のラングーンまで。日本へは飛来しなかった。けれど、日本人は世界一の戦闘機を造ったよな。

日本人の新文化の取り入れ方には一定の法則があるように、私には思える。中国文化を例にすれば、律令や建築技術は取り入れたが、宦官《かんがん》や纏足《てんそく》、残虐な刑罰は入れなかった。

明治になって西欧文化に接したときに、ネーションは国民、デモクラシーは民主主義、ガバメントは政府と訳したが、コミュニズムは恐惨主義ならぬ共産主義とした。明らかに、共産主義にはネガティブなメッセージが込められている。

ピープルは「人々」ともしたが、「人民」としたときには、同じように否定的な含意を込めたと思うよ。フランス語の「ピープレ」にはルソー流の反君主の語感が流れているからね。

若　共産主義は100年足らずのうちに1億人以上を殺した。左翼思想、とりわけ共産主

義思想には、伝統・秩序を否定し憎悪する思想が根幹にある。

そして、底知れぬニヒリズムが隠されている。この根源は、諸説はあるが、定説はない。ただ言えるのは、マルキシズムや共産主義は人間に敵対する思想だということだ。マルキシズムや共産主義を信じた人間や国民は、幸福にはなっていない。

日本人を滅ぼす思想はマルキシズムだ。日本人は目覚めなければならないな。ドイツに帰国しなかったH・マルクーゼはカリフォルニア大学の教授におさまって、著書『解放論の試み』（1969年）の中で、「途上国の革命の成功のためには先進国の革命が不可欠だ」と、例の持論を述べている。つまり、先進国の弱体化ということさ。

そして、有名な**ダワー教授**(65)（MIT、マサチューセッツ工科大学）たちが論陣を張った。別の話題で述べたが、日本の民主党政権の中枢には、マルクーゼやダワーの理論の洗礼を浴び、火炎瓶を投げるなどした過激派の中心メンバーが地位を占めていた。自民党政権や、霞が関の高級官僚のうちも同様なものさ。

日本人は歴代政権の「拙《つたな》さ」を甘く見てはいないかな。彼らはフランクフルト・マルキストそのものなのだ。彼らの真骨頂は「騙しも可なり」の潜入戦術にある。共産党員なんて、隠せばいいのだ。黙って潜入し、要路を扼《やく》したうえで革命に舵を切る。これがフランクフルト・マルキシズムの真骨頂だ。世界中が彼らに支配されようとしている。彼らの武

器が、世界金融の支配権とメディア・学界・言論による支配だ。

日本人にして、彼らに牙を剥《む》く政治家はいない。剥いたら、**中川昭一**[66]氏と運命を共にするさ。私が代表となつている発言集団「シューレ」の期待の星が中川昭一氏だった。彼の死に接しては、みんなが号泣したものだ。

[65]ジョン・ダワー（1938〜）マサチューセッツ工科大学（MIT）教授。1958年に来日し、専攻は日本近代史。妻は日本人。邦訳書に『吉田茂とその時代』『敗北を抱きしめて』『忘却のしかた、記憶のしかた』などがある。

[66]中川昭一暗殺事件　中川昭一（1953〜2009）は歴代内閣で閣僚を歴任し、2008年の麻生内閣で財務大臣兼金融特命大臣に就任。2009年2月14日、ローマで開催されたG7の財務相・中央銀行総裁会議終了直後の酩酊記者会見が大問題となり、大臣辞職。半年後の衆議院選挙で落選。10月4日、世田谷の自宅寝室で倒れているのを夫人が発見。酩酊会見直前に財務省国際局長やブルームバーグ、読売新聞、日テレ記者などとレストランでワインを飲んでいるが、大酒家の中川昭一はその程度では酩酊しない。中川はG7で、IMFストロス＝カーン専務理事に日本の外貨準備10兆円を提供。ストロス＝カーンは「この融資はこれまでの人類史上で最大規模のもの」と絶賛。融資の外貨10兆円の原資は日本政府が保有するアメリカ国債100兆円分の一部。使えないはずの米国債が流動担保となる歴史的事件であった。一方のストロス＝カーンは2011年5月、ニューヨークのホテルでメイドに性的暴行を加えたとして飛行機に乗り込んだところを逮捕され、IMF専務理事を辞職。ストロス＝カーンは翌年のフランス大統領選挙で現職サルコジを凌ぐ最有力候補だった。被害にあったと訴え出たギニア

出身のホテルのメイド（32歳）は薬物密売やマネーロンダリングに関連した札付きのプロ女性。裁判ではメイドの偽証が早々にバレて無罪となる。中川昭一の父・中川一郎（1925〜83）は自民党中川派の領袖。「北海のヒグマ」と呼ばれたタカ派議員だったが、札幌のホテルのバスルームで不可思議な変死体で発見されたが、捜査当局により自殺と断定された。死の直前、中曽根首相の名代としての訪米に際し、「ペルソナ・ノン・グラータ（好ましからざる人物）」として訪米を拒否されている。

【第5章】

日本にだけ悲しい正義があった

◉1936年の共産党の新戦術「潜行と転向」と仕掛けられた盧溝橋事件

若　日本は1940（昭和15）年に日独伊三国同盟を結ぶが、どういう心算でこの日独伊三国同盟を結んだかといえば、日独伊三国同盟にソ連を入れて、四国同盟で米英と対抗しようとしたのだ。ただし、これは外務省の発想。

ドイツが日独伊三国同盟を日本に提案してきたのは、1939（昭和14）年の1月6日だった。日本では、ドイツとイタリアがソ連以外の第三国から攻撃されたならば、参戦するつもりであると、駐ドイツ大使大島浩、駐イタリア大使白鳥敏夫《しらとりとしお》が言明し、反対する陸軍と外務省とが鋭く対立した。

一方で、近衛文麿首相はその前年に「蒋介石政権を相手とせず」と声明していた。外務省は反対だったが、1月16日のことである。駐華ドイツ大使トラウトマンによる和平仲介が前年の11月に始まっていた。蒋介石は、ブリュッセルで開会中の9カ国会議に期待をつなぎ、和平には応じようとはしなかったが、会議は対日非難の決議をしなかったので、12月2日にトラウトマンに交渉に応じると答えていた。

他方で、北京では王克敏《おうこくびん》を長とする中華民国臨時政府が成立していた。そして、南京には中華民国維新政府がつくられてもいた（委員長・梁鴻志《りょうこうし》）。

蒋介石は重慶に脱出していた。

なんだかゴチャゴチャと錯綜しているのだが、結局はトラウトマン仲介は挫折した。

1936（昭和11）年は、世界史上で極めて重要な年だ。運命の年だったかもしれない。2・26事件などの国内の事件を言うのではない。

それはコミンテルン第7回大会が「反ファシズム統一戦線」戦術を採択・決定したことにある（2月10日）。

「反ファシズム統一戦線」（フロント）というのは、非あるいは反共産党勢力を「社会ファシズム」として排撃する方針を放棄し、「統一戦線《フロント》」として共闘する戦術を採択したということだ。社会の表面から、コミンテルンとか共産党という存在が「消えた」のである。

どうしたのか？　地下に潜り、「転向」を偽装し、あらゆる社会組織（官僚・軍部・マスコミ・学界・実業界・教育界・政界等々）に素知らぬ顔をして共産主義者が侵入してきた。忌まわしいゾルゲや尾崎秀実の事件はその一粒の事件に過ぎない。

日本の運命を左右する事件が発生した。

西安事件だ。毛沢東たちの共産党軍を追いつめた蒋介石が、部下の督戦に訪れた西安で、逮捕され監禁された事件である（1936年12月12日）。周恩来が飛来し、スターリンは殺すなと厳命し、ボロージンが監督に飛来した。逮捕したのは蒋介石の部下だった張学良、張作霖の息子である。父・張作霖を殺したのは日本軍だと工作された張学良は、その嘘を信じ込んでいた。

蒋介石はフロントの結成を約束させられたのである。こうした場合には、中国人の常として文書が交わされる。この文書が表に出たなら、世界史は書き換えられるだろう。もしかしたら、ヴェノナ文書のなかに潜んでいるのかもしれないが、私はこの文書は世に現れないと思う。

張学良

盧溝橋事件のような小競り合いではなく、蒋介石は日本軍との全面戦争の開始を約束させられたのだ。翌年の7月7日の盧溝橋事件を支那事変の発端と書く史家が日本には多いが、それは本末を転倒しているのだ。リンゴが落ちるから引力があるのではない。日支の全面戦争は西安事件が震源なのだ。

翌年の盧溝橋事件（1937年7月7日）は、すでに多くの史家により共産党の工作だったことが解明されている。だが、事態の本質を8月13日からの上海事変に見るべきだ。

上海には戦難を逃れようと民間の日本人が女性、子供を含めて10万人も集まっていた。それを守ろうとしたのが、上海に進駐していた日本海軍の陸戦隊5000人。

蒋介石軍はドイツ将校団に指揮された最精鋭30個師団、約30万の主力でこれを全滅させようとして、全面攻撃に出た。

F　なに？　ドイツ将校団だって。なぜ、ドイツ人が中華民国軍を指揮していたのだ？

若　ワイマール・ドイツの兵力の上限は10万と規制され、空軍、機甲部隊の保持は禁止された。国防軍の幹部はラッパロ密約（註釈㉕参照）で、空軍と機甲部隊の再建をソ連国内で進め、ソ連軍の再建、錬成もドイツが指導した。この密約と同時に、蒋介石も中華民国軍

の編成・錬成をドイツ将校団に頼んだ（ハプロ密約）。先にも語ったが、初代の団長はあの第一次大戦の参謀長のフォン・ゼークトだよ。次の団長がファルケンハウゼン中将（後に大将）だ。シーメンス社が介在し、ドイツ製の武器・弾薬と、ドイツにはないチタンなどの必須のレアメタルなどをバーター（物々交易）してもいた。「南京大虐殺」のホラ話で名の出る『**ラーベの日記**[67]』のラーベとは、シーメンスの「南京支社長」だった。同時に彼は蔣介石からも給与を得ていた。

つまり、蔣介石のエージェントだったわけだ。チタン？　徹甲弾の弾頭の芯になる希少金属だよ。ドイツでは産出しない。ついでだから触れると、北朝鮮には埋蔵量が多い。これが現在まで北朝鮮をめぐる各国の思惑を複雑にしている側面がある。

F　で、結果は？　日本軍は圧勝して南京を陥落させたのではなかったのか？

若　いや、そうではない。慌てて救援に駆けつけた日本の3個師団は大損害を受けた。第

[67]**ラーベの日記**　1908年から30年にわたって中国に滞在したドイツ・シーメンス社の中国支社総責任者ジョン・ラーベ（ドイツ人）が南京における日本軍による虐殺の噂があることと、民家への放火や略奪行為を行う中国兵のことを綴っているが、邦訳版では多くの改竄・捏造が行われ、原文とは似ても似つかぬ「南京大虐殺」の書となっている。

一陣の第3師団（名古屋）は壊滅的な打撃を受けた。チェコ・ダック社製の機関銃の「シャーシャー」という発射音は、日本兵の恐怖の的だった。

それに、第一次大戦の教訓を存分に生かして築かれた陣地は、日本兵の血を容赦なく吸った。クリーク（水路）と鉄条網、そしてチェコ製機関銃。支那軍ではない支那軍と、初めて日本軍は対戦したのさ。だが、背後に別の軍団が上陸して包囲体制を日本軍がとると、支那軍は敗走を始めた。追撃戦は南京陥落（1937年12月13日）まで続いた。

日本軍も7万人の犠牲者を出した。中国軍？　……30万の主力軍は壊滅した。戦闘でだよ。敗走は故郷までさ（笑）。

ジョン・ラーベ

◉ドイツと日本の地政学

F　ドイツ軍人はそののちどうしたのか。

若　1936（昭和11）年に締結されていた日独防共協定があり、日独伊三国同盟への気運も相まって、ヒットラーは引き揚げを命じたので、1939（昭和14）年には延べ350人のドイツ軍人は支那を去った。

ファルケンハウゼン中将は、軍の基礎は精神力にあることを強調するとともに、日本軍の地政学的弱さを指摘している。「日本は必ず敗北する」と言い残し、帰国した。

F　私の訪日の目的のひとつに、なぜドイツは日本と組んだのかという理由を知りたい、というのがある。法学その他で日本がドイツに親近感を抱いていることも分かっていた。陸軍の軍事思想も、ドイツとは親和していた。日本陸軍の軍事思想はドイツ流だ。

それは、大英帝国の世界覇権のポイントがシンガポールの支配にあると考えたからだ。シンガポールは大英帝国の要《かなめ》とヒットラーたちは考えた。

しかし、これは平時の考えだった。大戦となり、イギリスやソ連へのアメリカの膨大な軍事援助は、アラビア海やスエズ運河を経由することが分かった。しかし、ドイツ軍の実力では、インド洋への覇権はあり得ない。インド洋を制することができるのは、まさに日本海軍しかないのだ。

同時に、インド洋を日本海軍が制すれば、大英帝国の死命を決するのは日本であること

を、ドイツは地政学的にも理解した。
また同時に、米英も同じ見方を共有していることもドイツは理解した。対ソ連についても、対日独についても同じであることをドイツは理解した。日本もそうだった。まあ異論はあったようだが、そう思うな。

若 君への土産というほどのものではないが、これらの論点について「日独の敗北の日本側の責任」という趣旨で、私のささやかなレポートを君に呈したい。私のドイツ語を笑わないで、そして読解不能な箇所は遠慮なく指摘してほしい。これは、私の人生の最後のドイツ語の作文かもしれない。君の日本語力を知るための、いわば〝力作〟さ（笑）。
私の父の世代の日本人は、ドイツ語を通じて西洋と接した。マルクスの毒にも接した。添削をかねて読んでみてよ。日独は絶対に勝てた。いや、正確を期して言えば、敗けないチャンスは絶対にあったのだ。

F 添削とはおこがましいが、真剣に読ませていただくよ（笑）。タイトルは？ なんだと？ 「ああインド洋！」だって。

――その翌日である。彼はギッシリと書き込みを加えた私の「作文」を広げた。

F 読んだよ（読むことが可能だったか……と言おうとする私を手で制した）。

私は少し興奮している。陸軍の参謀本部と海軍の軍令部が対立していたというだけの話なら、どこにでもある話だ。陸と海、そして空はたいてい仲が悪いものだ。しかし日本の場合は異常だとしか言えない。

山本権兵衛《ごんべえ》海軍大臣と、山本五十六連合艦隊司令長官は時代も違う人物だが、この二人の「やまもと」は日本敗滅の最大の責任者だ。

日本は１９４１年11月15日に策定した作戦計画を有していた。

第１段階：南方作戦……諸資源を確保し、戦略不敗の体制を確立する。

第２段階：西亜作戦……インド洋を制圧しドイツ・イタリアと連絡を確保する。インド独立のために2個師団を派遣しイギリスを屈服させる。

第３段階：インド独立により、対蔣介石援助ルートを遮断し、蔣政権を屈服せしめる。これにより、支那大陸の日本陸軍の主力の自由を回復する。帰国・帰満洲により補給補充。日本近海の諸島の要塞化と航空化を進める。

ヒットラーたちは、インド洋の制圧をこそ望んでいた。エジプト戦線では独英の決戦が戦われていた。英軍とソ連軍の戦力補給はインド洋経由だった。ここを制圧できるのは、日本海軍の空母機動部隊しかなかった。英国の東洋艦隊は壊滅していた。アメリカの空母はわずか2隻だ。ドイツの将星たちも、国民も日本参戦を聞き、インド洋の解放を期待し、これで勝てると思ったのだ。中東の石油が自由になれば、対ソ連戦線での分裂も修復されるのだ。

正直に言うと、私は読みながら涙が出てきた。自分は心底、ドイツ人なのだと思えたね。

山本五十六司令長官はミッドウェー作戦を言い出すのだが、これはどこか謀略の匂いがする。ガタルカナル島戦は完全にアメリカの戦略陽動だ。ニミッツ海軍大将が回想録ではっきり書いているではないか。ミッドウェー作戦の敗北の後でも、日本海軍の戦力はまだ圧倒的に優勢だった。1942（昭和17）年の東京初空襲も、ミッドウェー、ガタルカナル島も、すべてインド洋から日本機動部隊を引き剥がすことに目的はあった。

まさに〝ああインド洋！〟だな。

開戦前夜、東条英機首相・陸軍大臣が号泣した（後述）というのは、私は理解できる。

【第6章】

全日本（オールジャパン）が消えた日

◉戦略を書かなかった日本

若　日清・日露戦争を戦った日本だが、その戦略は書かなかった。陸海軍大学でも教外《きょうげ》別《べつ》伝《でん》というか、口伝《くでん》のような扱いで、きちんと教えなかったようだ。帝国大学ほかの大学にも戦略を研究する部門は存在しなかった。これは列国に比して異常である。今日でも事情は変わらない。

日露戦争のそれを極端に要言すれば、ロシアの態勢が整う以前に、満洲において決戦を強いて撃破し、アメリカに仲裁してもらうという構想がそれであった。田村怡与造《たむらいよぞう》陸軍参謀次長が１９０２（明治35）年に練り上げた「満洲決戦」の戦略は、日露戦後にも具体化

されることはなかった。

日露戦争における満洲での勝利の実態は辛勝そのものであったことへの冷徹な検証を、日本人は忘れてしまった。それだけではない。日本海海戦の完勝こそが、戦争を冷徹に総括する視力を日本から奪い取るという結果を招いた。バルチック艦隊は**ウラジオストク**㊻へ遁入《とんにゅう》し、そしてその後の通商破壊戦により、日本の満洲戦線を崩壊させるというのが、ロシアの戦略意図であった。遁入に失敗し、結果として発生したのが日本海海戦であった。

しかし、そのように考えなかった日本海軍は、アメリカ艦隊も日本遠征を敢行すると考えた。それを迎え撃つ構想に日本海軍は熱中した。1921（大正10）年のワシントン海軍軍縮条約で、タガをはめられた「5・5・3」の米・英・日の総排水量比率への激しい敵意も、迎撃構想の呪縛からのものであった。

しかし、今次大戦のアメリカ軍は、太平洋上の島々を奪取しながら来攻し、通商破壊戦を展開して日本軍の戦線を崩壊させた。島を奪《と》るとは、根拠地を確保するということだ。

㊻**ウラジオストク**　ロシア極東部に位置する軍港都市。「極東を制覇せよ」という意味で、ロシア語名はウラジヴォストーク。「ヴォストーク」は「東」を、「ウラジ」は「領有・支配する」を意味する。

次々に「ウラジオ」を確保して進撃して来たのである。このように、日露戦争は大東亜戦争への伏線を秘めていた。

1905(明治38)年3月10日の奉天《ほうてん》会戦の勝利ののち、日本陸軍の継戦能力は尽き果てていた。児玉源太郎《こだまげんたろう》満洲軍総参謀長は東京に急遽戻り、「軍配の上《あ》げ時《どき》」を間違えないように懸命に依頼して回っている。5月27、28日の日本海海戦により、ロシア艦隊が消滅し、ロシア帝国内部の政情不安や金融不安等の事情から、日露戦争は日本勝利という形で一応収束した。日露戦争というのは、第ゼロ次世界大戦の様相を呈してもいた。日(英・米)対露(仏・独)の構図を秘めていたからである。

だが、日本海軍は勝利を艦隊決戦の〝偉大な勝利〟として自己認識して自足した。今日に至っても、例えば旧海軍中佐(大本営参謀、のち航空自衛隊空将)は次のように記す。「この講和条約の内容は、多くの国民から見て、かなり不満なものであった。が、それは当時のわが国の国力から見て、止むをえないものであった。この観点からしても、日本海海戦での勝利は、わが国を救ったと言っても過言ではなかった」

日本海海戦の勝利は、確かに日本を救った。しかし、「禍福《かふく》は糾《あざな》える縄《なわ》の如《ごと》し」ともいう。日露戦争全体を正しく総括できなかった日本は、次第に迷いの道の旅人と化し、悲しい流亡の道をたどるのである。もう少し史実を追おう。

◉陸軍参謀本部と海軍軍令部の分裂

若い世代だけではなく、年配世代の日本人も、日本軍には陸海軍の統一司令部がなく、今次の大戦争を陸海軍それぞれにバラバラに戦ったと知って、驚く人が多い。憲法の規定による「統帥権《とうすいけん》の独立」は知ってはいても、陸海の統帥権が分裂していた事実は意外に知られていない。「大本営は？」と呟くのだ。

１８８６（明治19）年、陸海軍を統合した参謀本部が設立された。陸軍の参謀総長が海軍参謀本部を統括した。すぐに陸主海従だと海軍の不満が噴出した。

１８９３（明治26）年、激論の末に「海軍軍令部条例」が制定され、海軍参謀本部は廃されて軍令部となり、平時にあっては陸海軍は対等となった。ただし、同時に制定された「戦時大本営条例」により、戦時には陸軍参謀総長が天皇の幕僚長となり、全軍の統帥権を補佐することが定められた。同時に首相はもちろん、この他に5元老（伊藤博文・山県有朋・松方正義・大山巌《いわお》・井上馨《かおる》）が加わり、政戦一体の戦時態勢がとられることになった。まさに辛うじて、間に合ったのである。日清戦争はこの体制で戦うことができた。陸軍参謀総長には皇族（小松宮彰仁《あきひと》親王）が就き、実質的には川上操六《かわかみそうろく》参謀本部次長が陸海軍の作戦を統括した。

日清戦争の「日本勝利」の総括には、大きな禍根が残った。たとえば、黄海《こうかい》海戦の勝利を、海軍は艦隊決戦の勝利と自己認識した。日本勝利の最大の要因に、大陸に展開する陸軍への海上補給の成功があるわけだが、そしてそれは海軍の功績だと誰もが認めたものの、海軍自身は自己の勝利を、艦隊決戦の勝利と総括してしまった。

艦隊対艦隊（「fleet to fleet」以下、F対F）戦の勝利との自己認識は、その裏で艦隊対海岸（「fleet to shore」以下、F対S）の認識を欠落させた。

海港の確保や陸への恒常的接続確保、つまりF対Sの成功こそが、日本海軍の功績の第一であったにも拘らず、日本海軍はそのようには自己を認識しなかった。清国にとっては、海戦での敗北は、敗北の一部に過ぎないのに、である。日清戦争でも威海衛《いかいえい》や旅順《りょじゅん》の制圧は、結局は陸軍によるものである。

先にも触れたが、バルチック艦隊の失敗を徹底的に研究したアメリカは、太平洋の戦いでは、根拠地のない日本近海に、前進根拠地となる島とゾーンを獲得しながら、飛び石づたいに攻めて来たのは戦史を踏んでいたからだ。つまり米軍は、局地的なF対Fに勝利した後、F対Sの最終的勝利を獲得したのである。

1899（明治32）年1月、海軍大臣山本権兵衛は、戦時大本営条例の改定を提案し、陸海軍の統帥権の平等を明記するように求めた。この山本権兵衛の提案は、川上操六から

拒否された。日清戦争をみごとに担い切った川上操六の威望と、国軍の統一司令部廃止を不可とする条理の前に、山本権兵衛は引くしかなかった。しかし、5月11日に川上は、率然として急逝した。行論のために、陸海のいずれが統帥の中枢に立つべきかについて一考したい。

イギリスもアメリカも、大海軍を有する国だが、両国ともに陸主海従であった（現在でも同様である）。これが当然なのは、次の一事を理解すれば足りるだろう。

国家の安全は列国との友好的な外交関係の構築に依拠している。国内外の情報を総合し、外交・金融財政をはじめ政戦一体の大計画は、平時から研究・整備されていなければならない。これは水上部隊の仕事ではない。現在でも陸海空の統合司令部は陸である。海空軍が大きくなればなるほど、この「原理」は大切にされている。大英帝国といえども海洋大帝国の大事は、海軍には委ねはしなかった。

だが、山本権兵衛はこの年10月になると、戦時大本営条例の改定を**帷幄上奏権**《いあくじょうそうけん》㊾を使っ

㊾帷幄上奏権（いあくじょうそうけん）　帷幄とは、陣営に幕をめぐらしたところから作戦を立てる所。本営、本陣。大日本帝国憲法における「一般統治権」と「軍の統帥権」の分離によって、陸海軍大臣・参謀総長（陸軍）・軍令部総長（海軍）などが軍機・軍令について、閣議を経ずに直接天皇に上奏すること。

て天皇に直訴した。陸軍も同じく帷握上奏権を使って異議を唱えた。結論は「保留」となった。その後も山本たちの工作は続くが、阻止していたのは田村怡与造参謀次長であった。この田村次長が1903（明治36）年10月に急逝した。山本たちの態度は変わらない。再度の保留はなかろう、というのが山本たちの姿勢であった。

日露間の風雲は急を告げていた。このままでは戦時大本営条例の発動は困難であり、陸海軍の作戦検討も進捗不可能となった。川上や田村が練り上げた戦略は満洲決戦であり、それを支え補完するのが海上補給の確保であった。山本は、「格下の海軍に護衛を頼むくらいなら対馬から釜山に橋でも架けろ」という有名な暴言を吐いている。

参謀次長には児玉源太郎が就いた。これはまさに非常時日本の人事であった。それまで次長職には少将が就いていたので、児玉は大将のまま、2階級降格して就任した。だが山本権兵衛海軍大臣は強硬であった。

1903年12月21日、ついに日本軍なるものは統一司令部を失ったのである。日本人はこの日を記憶しておくべきだ。この日に戦時大本営条例が改定され、陸海は対等となった。その2カ月後に日露はついに開戦した。

◉持つべきものは友なりき

日露戦争の開戦決意は、どのように評価されるべきだろうか。この経緯を書いた「正史」がないから、日本人の視野は散漫にならざるを得ない。日本海軍が編纂した公式戦史『明治三十七八年海戦史』（海軍軍令部編）という「書かれた」ものは存在はする。

これをロシアに寄贈していたらしくて、ロシア海軍軍令部がこれを批判的に論駁《ろんばく》した『千九百四、五年露日海戦史』（露国海軍軍令部編）という戦史がある。大部な本ながら読み進めると、当時の日本の指導者たちの政・戦略眼の確かさに感じ入り、先人への感謝の念を深くする。露海軍の本は次のように言う。

開戦の時期については2年後とし、戦備を充実させ、有利な国際関係を構築してから朝鮮を制圧し、**馬山浦**⑩を前進拠点として日本人を撃破するだけでなく、更に「殲《せん》

⑩**馬山浦（まざんぽ）**　韓国・釜山の西40キロほどの鎮海の入江。１８９９（明治32）年5月、ロシアが馬山浦に軍艦を派遣して測量を行う事件が発生。日本は露海軍基地建設の先手を打って土地を買い占め、断念させた。

滅《めっ》」させ、日本列島を露帝国の「東方（ヴォストーク）」とする。

まさに田村たちの「満洲決戦」の防衛戦略は、開戦決意の時期とともに正しかったのである。この正しさは日英同盟の賜物《たまもの》でもある。大英帝国からの情報提供と助言は、国際金融面からの協力と相まって、日本の国家存亡を賭《と》した開戦決意を支えた。

年間予算2億3000万円の日本が外債頼みで開戦を決意したのは、ロシアの東方計略の攻勢終末点が日本列島にほかならない、とのイギリスからの解析・助言が、日本の認識とも合致したものだったからだ。日英同盟の成立は、北清事変における日本軍の実力と軍紀の厳正さに感嘆したイギリスの軍官民の好意に支えられたものであった。言うまでもないが、日本列島がロシアの「東方」となることは、英米の国益に反するという現実がその好意を支えていた。

げに持つべきものは友である。日本の戦時国債を引き受けてくれたのは米英のユダヤ人社会であった。18億円の借金を高利とともに、2円＝1ドルの正貨で日本は律儀に返済し続け、昭和41（1966）年に完済している。あの「太平洋戦争」当時でも、日本は借金を返済しながら戦っていたのである。主としてスイスの銀行を通じて支払いは続けられた。金融力のある同盟国を持たなかった日本は、紙を印刷して戦うしかなく、だから戦後の日

本では、紙幣が風に舞っていたのだ。

日露戦争以後の日本の迷走と漂流は、恩人であった世界のユダヤ人社会を裏切ったことに始まる。桂・ハリマン協定を破棄した小村寿太郎外相たちの軌跡を、日本人は冷徹に検証しなければならない。

冷徹に、というのは次のような意味である。

日本に投資したのは、ジェイコブ・シフらのアメリカの銀行家たちであり、ロシアに投資したのはヨーロッパの銀行家たちであった。そして、これらの銀行家たちが相互に業務提携していたのは当然である。これこそを「両建て」という。戦争ほど巨大な利潤を生むものはない。

敗戦したロシアは諸々の要因もあって、破産状態に陥りつつあった。世界で最も多くのユダヤ人が住むのがロシアであり、最も苛酷にユダヤ人を迫害したのもロシア帝国だった。

第一次世界大戦が勃発した。そしてロシア革命によりソ連が誕生した。

この革命を共産主義革命というのは歴史の大欺瞞である。

破産国家ロシアへの強制執行が「革命」の意味である。

レーニンたちは執行吏（破産管財人）だったと解する方が事実に近い。先にも述べたが、ロシア革命は当時は「ロシア・ユダヤ・クーデター」と呼ばれていた。プロレタリア解放

革命と説明したのはコミンテルンである。執行吏たちは飢餓輸出（1000万人の餓死者を出した）を強行して、帝政ロシアの借金の返済を優先した。土地・鉱山・鉄道・工場の国有化というのは、強制執行による担保物件の確保である。「生産手段の社会化」というのは、イデオロギー（虚偽意識）での粉飾である。ソ連の人民は政府から収奪され、政府は返済を強行した。これを共産主義と呼んだだけである。

コミンテルンは、ヨーロッパ革命の退潮ののちは、活動の主力を支那に傾注した。日本と支那を噛み合わせる「東部国境戦略」がそれだ。西安事件から上海事変へ、そして日米破局へと日本が泥沼に引きずりこまれていく過程を語り合う時間がないのが残念だ。

◉漂流の果てに──東条英機の慟哭と遺言

日米破局に直面した日本は、渾身の智嚢《ちのう》を振り絞り、戦略を策定した。

昭和16（1941）年11月15日、大本営・政府連絡会議において策定された日本の戦略は『対英米蘭蔣戦争終末促進ニ関スル腹案』（以下、腹案）に明らかだ。前章で記した第1から第3段階に加えて、第4段階があった。

第4段階：対米講和に備えて国力を充実させる。

以上の目途を昭和17年の秋とする。

昭和18（1943）年秋になると両洋艦隊法などにより、アメリカの大軍拡（例えば空母100隻建造）が明らかであったから、「目途を昭和17年秋とする」とし、戦略持久（守勢保持）と決していたのだ。

さらに言えば、この「腹案」のポイントは、インド洋の制圧である。インド洋こそが、英ソの戦力を支える膨大なアメリカの援助物資を扼《やく》する戦略要地であった。膨大な物資・兵器はインド洋経由でペルシャ湾・紅海から揚陸されていたから、インド洋において日本機動部隊が米英軍を撃滅すると考えたのは、戦理を踏んだ正当な戦略思想であった。

飛行機を大量に使用して真っ黒に空を覆い、航空艦隊として戦うというのは日本海軍の独創ではある。だが、「決戦にはこれしか俺たちにはない」という徹底した自己認識が日本海軍には欠けていた。

決戦思想を、例えばハワイ空襲で小出しにすることにより、敵に航空艦隊のアイデアを教えて自らの敗滅を導いたのは日本海軍である。「腹案」には真珠湾やミッドウェーなどは影も形も存在しないのである。両作戦の構想は山本五十六連合艦隊司令長官の「私的な」作戦案に過ぎなかった。山本五十六は作戦を採用しないなら職を辞すると軍令部に迫り、

永野修身軍令部総長をして、「そこまで言うのなら」と採用させた作戦であった。

だから、東条首相たちは真珠湾攻撃計画を知らなかったのである。ただ「どうも海軍はハワイをやるらしい」と杉山元《すぎやまはじめ》参謀総長から耳打ちされ、「なに！　話が違う」と東条は激怒している。真珠湾攻撃計画を知らされたのはなんと12月1日、開戦を8日と決した御前会議の直前であった。開戦前夜、東条は暗夜の自室で慟哭《どうこく》している。昭和天皇の「白紙還元」の御意思に反して、開戦に至ったことに身を裂かれたのだろうか。

そして翌朝のニュースで真珠湾攻撃の「成功」を大日本帝国総理大臣兼陸軍大臣東条英機は知るのであった。

明治36（1903）年12月21日に決した陸海対等という統帥権の分裂は、このような結果を招来した。東条たちがミッドウェー作戦の大敗北を仄聞《そくぶん》したのは、海戦の実に1年後のことである。だからサイパンなどは放置されたままだった。

東条が教誨師《きょうかいし》花山信勝氏に述べた死の直前の遺言がある。

遺言は5項目あるのだが、最後の項だけを記す。

一、最後に軍事問題について一言する。

　我が国従来の統帥権独立の思想は間違っていた。

あれでは陸海軍一本の行動はとれない。

この東条英機の遺言を日本人はどのように読むべきなのだろうか。無念さが惻々《そくそく》として胸を打つのだが、朝鮮戦争も支那大陸・満洲の赤化も知らずに東条たちは泉下《せんか》の客となって逝《い》った。間もなくマッカーサーはトルーマンに、「東京裁判は誤りであった」と言明したり、「日本の戦争は自衛の戦いだった」と上院で証言したりしている。だが、今次の大戦に至る「日本の総括」を、いまだ私たち日本人はなし得ないでいる。

ある事実を報告してこの対話を閉じよう。

愛知県幡豆郡《はずぐん》（現・西尾市）の三ケ根山頂に「A級戦犯」として処刑された7人の遺骨を葬った「**殉国七士墓**71」がある。この墓のすぐ近く（直線距離で500メートルほど）に「グリーンホテル三ケ根」という一軒のホテルがある。昭和54（1979）年5月26日、昭和

71**殉国七士墓**　東京裁判判決によって死刑執行された、いわゆるA級戦犯の7名を祀っている。被祀者は、東条英機（首相・陸軍大将）、土肥原賢二（陸軍大将）、板垣征四郎（同）、木村兵太郎（同）、松井石根（同）、武藤章（陸軍中将）、広田弘毅（首相）。墓所は愛知県西尾市三ケ根山にある。

天皇皇后両陛下が御宿泊された。翌日の西加茂郡藤岡町（現・豊田市）での植樹祭に御出席のために宿泊されたのである。当時は高速道路の便はない。宿はといえば名古屋も近く、岡崎や豊田もある。あえて遠路の三ケ根山が選ばれたのには陛下の強い御内意があったからという。

当日の朝、職員が御案内にお部屋に伺ったところ、息を呑んだと言う。

両陛下は御部屋のなかで、七士の墓の方角に対して、直立・佇立《ちょりつ》しておられたのである。

この間、20分ほどだったという。

この年の秋、11月8日に美智子妃殿下と紀宮殿下が御宿泊され同じ行動をとられている。

「卿たちはここに眠っていたか……往年を追懐すれば……五内為《ごだいため》に裂《さ》く……」と陛下は呟かれたような気がしてならない。「五内為に裂く」とは終戦の詔勅の一句である。

前年の昭和53年には「A級戦犯合祀」をマスコミが騒ぎ、陛下の靖国神社参拝が困難になっていた。「A級戦犯」を嫌悪されて、陛下は靖国神社参拝を避けられたという「富田メモ」なるものは実に面妖である。

F　実に示唆に富んだ話を聞かせてもらったな。これで私もドイツに帰れるよ。また、機会があったら、歴史の真実を二人でとことん語り合いたいものだ。

〔了〕

【巻末資料1】

近衛文麿上奏文

敗戦は遺憾《いかん》ながら最早《もはや》必至なりと存候《ぞんじそうろう》。以下此《こ》の前提の下に申述《もうしのべ》候。敗戦は我が国体の瑕瑾《かきん》たるべきも、英米の輿論《よろん》は今日までの所《ところ》国体の変革とまでは進み居《お》らず（勿論《もちろん》一部には過激論あり、又《また》将来如何《いか》に変化するやは測知《そくち》し難《がた》し）随《したがっ》て敗戦だけならば国体上《こくたいじょう》はさまで憂《うれ》うる要《よう》なしと存候。国体の護持《ごじ》の建前《たてまえ》より最も憂うるべきは敗戦よりも敗戦に伴《ともの》うて起《おき》ることあるべき共産革命に御座《ござ》候。

つらつら思うに我が国内外の情勢は今や共産革命に向《むか》って急速度に進行しつつありと存候。即《すなわ》ち国外に於《おい》てはソ連の異常なる進出に御座候。我が国民はソ連の意図は的確に把握し居らず、かの一九三五年人民戦線戦術即ち二段階革命戦術の採用以来、殊《こと》に最近コミンテルン解散以来、赤化《せきか》の危険を軽視する傾向顕著なるが、これは皮相且《かつ》安易なる見方と存候。ソ連は究極に於て世界赤化政策を捨てざるは最近欧州諸国に対する露骨なる策動により明瞭となりつつある次第に御座候。

ソ連は欧州に於て其《その》周辺諸国にはソビエト的政権を爾余《じよ》の諸国には少なくとも親ソ容共《ようきょう》政権を樹立せんとし、着々《ちゃくちゃく》其の工作を進め、現に大部分成功を見つつある現状に有之《これあり》候。

ユーゴーのチトー政権は其の最典型的《さいてんけいてき》なる具体表現に御座《ござ》候。ポーランドに対しては予め《あらかじ》ソ連内に準備せるポーランド出国者連盟を中心に新政権を樹立し、在英亡命政権を問題とせず押切申《おしきりもうし》候。

ルーマニア、ブルガリア、フィンランドに対する休戦条件を見るに内政不干渉の原則に立ちつつも、ヒットラー支持団体の解散を要求し、実際上ソビエト政権に非《あら》ざれば存在し得《え》ざる如《ごと》く致し候。

イランに対しては石油利権の要求に応ぜざる故《ゆえ》を以て、内閣総辞職を強要致し候。

スイスがソ連との国交開始を提議せるに対しソ連はスイス政府を以て親枢軸的なりとして一蹴《いっしゅう》し、之《これ》が為《ため》外相の辞職を余儀《よぎ》なくせしめ候。

英米占領下のフランス、ベルギー、オランダに於ては対独戦に利用せる武装蜂起団と政府との間に深刻なる闘争続けられ、且之等《かつこれら》諸国は何《いず》れも政治的危機に見舞われつつあり、而して是等《これら》武装団を指揮しつつあるものは主として共産系に御座候。

ドイツに対してはポーランドに於けると同じく已《すで》に準備せる自由ドイツ委員会を中

心に新政権を樹立せんとする意図なるべく、これは英米に取り今日頭痛の種なりと存候。

ソ連はかくの如く欧州諸国に対し表面は、内政不干渉の立場を取るも事実に於ては極度の内政干渉をなし、国内政治を親ソ的方向に引《ひき》ずらんと致し居候。ソ連の此意図は東亜に対しても亦《また》同様にして、現に延安《えんあん》にはモスコーより来《きた》れる岡野〔本名・野坂参三〕を中心に日本解放連盟組織せられ朝鮮独立同盟、朝鮮義勇軍、台湾先鋒隊等と連絡、日本に呼びかけ居り候。かくの如き形勢より推《お》して考うるに、ソ連はやがて日本の内政に干渉し来《きた》る危険十分ありと存ぜられ候（即ち共産党公認、ドゴール政府、バドリオ政府に要求せし如く共産主義者の入閣、治安維持法、及《および》防共協定の廃止等々）。翻《ひるがえっ》て国内を見るに、共産革命達成のあらゆる条件日々具備《ぐび》せられゆく観有之《かんこれあり》候。即《すなわち》生活の窮乏、労働者発言度の増大、英米に対する敵愾心《てきがいしん》の昂揚《こうよう》の反面たる親ソ気分、軍部内一味の革新運動、之に便乗する所謂《いわゆる》新官僚の運動、及《および》之を背後より操りつつある左翼分子の暗躍等に御座候。右の内特に憂慮すべきは軍部内一味の革新運動に有之《これあり》候。

少壮軍人の多数は我国体と共産主義は両立するものなりと信じ居るものの如く、軍部内革新論の基調も亦ここにありと存じ候。職業軍人の大部分は中流以下の家庭

出身者にして、其の多くは共産的主張を受け入れ易き境遇にあり、又彼等は軍隊教育に於て国体観念だけは徹底的に叩き込まれ居るを以て、共産分子は国体と共産主義の両立論を以て彼等を引きずらんとしつつあるものに御座候。

抑々《いよいよ》満洲事変、支那事変を起し、之を拡大して遂に大東亜戦争にまで導き来れるは是等軍部内の意識的計画なりしこと今や明瞭なりと存候。満洲事変当時、彼等が事変の目的は国内革新にありと公言せるは、有名なる事実に御座候。支那事変当時も「事変永びくがよろしく事変解決せば国内革新が出来なくなる」と公言せしは此の一味の中心的人物に御座候。

是等《これら》軍部内一味の革新論の狙いは必ずしも共産革命に非ずとするも、これを取巻く一部新官僚及民間有志（之を右翼というも可、左翼というも可なり、所謂《いわゆる》右翼は国体の衣《ころも》を着けたる共産主義者なり）は意識的に共産革命にまで引ずらんとする意図を包蔵《ほうぞう》し居り、無智単純なる軍人之《これ》に踊らされたりと見て大過《たいか》なしと存候。

此事は過去十年間軍部、官僚、右翼、左翼の多方面に亘《わた》り交友を有せし不肖《ふしょう》が最近静かに反省して到達したる結論にして此結論の鏡にかけて過去十年間の動きを照らし見る時、そこに思い当る節々頗《すこぶ》る多きを感ずる次第に御座候。

不肖は此間《このかん》二度まで組閣の大命を拝したるが国内の相克摩擦《そうこくまさつ》を避けんが為《ため》出来る

だけ是等革新論者の主張を容《い》れて挙国一体《きょこくいったい》の実《じつ》を挙げんと焦慮《しょうりょ》せるの結果、彼等の主張の背後に潜める意図を十分看取《かんしゅ》する能《あた》わざりしは、全く不明の致す所にして何とも申訳無之深《もうしわけなくこれふか》く責任を感ずる次第に御座候。

昨今戦局の危急を告ぐると共に一億玉砕《ぎょくさい》を叫ぶ声次第に勢《いきおい》を加えつつありと存候。かかる主張をなす者は所謂右翼者流なるも背後より之を煽動しつつあるは、之によりて国内を混乱に陥《おとしい》れ遂《つい》に革命の目的を達せんとする共産分子なりと睨《にら》み居《お》り候。

一方に於て徹底的に米英撃滅を唱《とな》うる反面、親ソ的空気は次第に濃厚になりつつある様《よう》に御座候。軍部の一部はいかなる犠牲を払いてもソ連と手を握るべしとさえ論ずるものもあり、又延安との提携を考え居る者もありとの事に御座候。以上の如く、国の内外を通じ共産革命に進むべき、あらゆる好条件が日一日と成長しつつあり、今後戦局益々《ますます》不利ともならば、この形勢は急速に進展致すべくと存候。

戦局への前途につき、何らか一縷《いちる》でも打開の望みありというならば格別なれど、敗戦必至の前提の下に論ずれば、勝利の見込みなき戦争を之以上継続するは、全く共産党の手に乗るものと存候。随《したが》つて国体護持の立場よりすれば、一日も速《すみやか》に戦争終結の方途を講ずべきものなりと確信仕候《つかまつりそうろう》。戦争終結に対する最大の障害は、満洲事変以来今日の事態にまで時局を推進し来りし、軍部内の彼《か》の一味の存在なりと

存候。彼等はすでに戦争遂行の自信を失い居るも、今までの面目上、飽《あ》くまで抵抗可致者と存ぜられ候。

もし此の一味を一掃せずして、早急に戦争終結の手を打つ時は、右翼左翼の民間有志、此の一味と饗応《きょうおう》して国内に大混乱を惹起《じゃっき》し、所期《しょき》の目的を達成し難き恐れ有之候。従《したがっ》て戦争を終結せんとすれば、先《ま》ず其の前提として、此の一味の一掃が肝要に御座候。此の一味さえ一掃せらるれば、便乗の官僚並びに右翼左翼の民間分子も、影を潜むべく候。蓋《けだ》し彼等は未だ大なる勢力を結成し居らず、軍部を利用して野望を達せんとするものに他ならざるがゆえに、その本《もと》を絶てば、枝葉は自ら枯るるものなりと存候。尚《なお》これは少々希望的観測かは知れず候《そうら》えども、もしこれら一味が一掃せらるる時は、軍部の相貌《そうぼう》は一変し、米英及重慶の空気或《あるい》は緩和するに非ざるか。元来米英及重慶の目標は、日本軍閥の打倒にありと申し居るも、軍部の性格が変り、其の政策が改《あらたまわ》らば、彼等としては戦争の継続につき、考慮するようになりはせずやと思われ候。

それはともかくとして、此の一味を一掃し、軍部の建て直しを実行することは、共産革命より日本を救う前提先決条件なれば、非常の御勇断をこそ望ましく存奉《ぞんじたてまつり》候。以上

【巻末資料2】

昭和天皇の御下問

昭和天皇は、近衛上奏文の内容の特異さに驚かれ、次のように御下問された。

****

天皇「我が国体について、近衛の考えと異なり、軍部では米国は日本の国体変革までも考えていると観測しているようである。その点はどう思うか」

近衛「軍部は国民の戦意を昂揚《こうよう》させる為に、強く表現しているもので、グルー次官らの本心は左《さ》に非《あら》ずと信じます。グルー氏が駐日大使として離任の際、秩父宮の御使に対する大使夫妻の態度、言葉よりみても、我が皇室に対しては十分な敬意と認識とをもっていると信じます。ただし米国は世論の国ゆえ、今後の戦局の発展如何《いかん》

によっては、将来変化がないとは断言できませぬ。この点が、戦争終結策を至急に講ずる要ありと考うる重要な点であります」
天皇「先程の話に軍部の粛清が必要だといったが、何を目標として粛軍せよというのか」
近衛「一つの思想がございます。これを目標と致します」
天皇「人事の問題に、結局なるが、近衛はどう考えておるか」
近衛「それは、陛下のお考え……」
天皇「近衛にも判らないようでは、なかなか難しいと思う」
近衛「従来、軍は永く一つの思想によって推進し来ったのでありますが、これに対しては又常に反対の立場をとってきた者もありますので、この方を起用して粛軍せ

しむるのも一方策と考えられます。これには宇垣《うがき》〔一成《かずしげ》〕、香月《かつき》〔清司《きよし》〕、真崎《まさき》〔甚三《じんざぶ》郎《ろう》〕、小畑《おばた》〔敏四郎《としろう》〕、石原〔莞爾〕の流れがございます。これらを起用すれば、当然摩擦を増大いたします。考えようによっては何時《いつ》かは摩擦を生ずるものならば、この際これを避くることなく断行するのも一つでございますが、もし敵前にこれを断行する危険を考えれば、阿南《あなみ》〔惟幾《これちか》〕、山下〔奉文《ともゆき》〕両大将のうちから起用するも一案でございましょう。先日、平沼〔騏一郎《きいちろう》〕、岡田〔啓介〕氏らと会合した際にも、この話はありました。賀陽宮《かやのみや》は軍の立て直しには山下大将が最適任との御考えのようでございます」

天皇「もう一度、戦果を挙げてからでないとなかなか話は難しいと思う」

近衛「そういう戦果が挙がれば、誠に結構と思われますが、そういう時期がございましょうか。それも近い将来でなくてはならず、半年、一年先では役に立たぬでございましょう」

【若狭和朋 著作一覧】

『衰弱する教育：〝生徒指導〟渦中模索』公人社　１９９３年

『日本人が知ってはならない歴史』朱鳥社　２００４年

『続　日本人が知ってはならない歴史』朱鳥社　２００７年

『日本人が知ってはならない歴史　戦後篇』朱鳥社　２００９年

『日露戦争と世界史に登場した日本：日本人に知られては困る歴史』ワック　２０１２年

『昭和の大戦と東京裁判の時代：日本人に知られては困る歴史』ワック　２０１３年

『歴史戦争の正体：日本を滅ぼす自虐史観とマルキシズム』幸福の科学出版　２０１５年

◉著者について
若狭和朋（わかさ かずとも）
昭和17（1942）年福岡市生まれ。九州大学法学部卒。昭和40（1965）年、岐阜県下の県立高校の社会科教師となり、38年間教鞭を執る。日本の学校教育、とりわけ歴史教育への積年の義憤を動機として著作活動に入る。現在、発言集団「シューレ」代表。著書多数。

日本人《にほんじん》よ、
歴史戦争《れきしせんそう》に勝利《しょうり》せよ

ＧＨＱ洗脳史観《ジーエイチキューせんのうしかん》への決別宣言《けつべつせんげん》

◉著者
若狭和朋《わかさかずとも》

◉発行日
初版第1刷　2015年 11月30日

◉発行者
田中亮介

◉発行所
株式会社 成甲書房

郵便番号101-0051
東京都千代田区神田神保町1-42
振替00160-9-85784
電話 03(3295)1687
E-MAIL　mail@seikoshobo.co.jp
URL　http://www.seikoshobo.co.jp

◉印刷・製本
株式会社 シナノ

Printed in Japan, 2015
ISBN978-4-88086-334-4